내일을 보는 올바른

─ 꿈해몽집 ─

내일을 보는 올바른 꿈해몽집

– 꿈은 꿈꾸는 사람의 이야기이다

초판발행 2021년 01월 01일
초판인쇄 2021년 01월 01일

지은이 김 소 원
펴낸이 김 민 철

펴낸곳 도서출판 문원북
주 소 서울시 마포구 토정로 222 한국출판콘텐츠센터 422
전 화 02-2634-9846 / 팩 스 02-2365-9846

ISBN 978-89-7461-475-1

메 일 wellpine@hanmail.net
카 페 cafe.daum.net/samjai
블로그 blog.naver.com/gold7265

이 도서의 국립 중앙도서관 출판사 도서 목록(CIP)은 서지정보 유통지원 시스템 홈페이지
(http://seoji.nl.go.kr)와 국가 자료 공동 목록 시스템(http://www.nl.go.kr/kolisnet)
에서 이용하실 수 있습니다.

(CIP제어번호: CIP2020050980)

내일을 보는 올바른

꿈해몽집

문원북
BOOK

꿈은 꿈꾸는 사람의 이야기다.

/

꿈이란, 낮 동안 잠재의식 속에 억압된 의지, 행동 등이 꿈을 통해 카타르시를 하는 것을 말한다. 즉 도덕이나 제도에 의해 억제되어 있던 내면의 자아가 의식 활동이 정지된 상태인 수면을 취하고 있을 때 꿈이라는 형태를 통하여 전이(轉移)된 여러가지 모습으로 갈등을 해소한다. 그리고 꿈이 가지는 여러가지 속성이 있는데 그 중 우리의 일상적인 경험으로 비추어 볼 때 꿈을 통해 멀지않은 앞날을 암시하는 경우가 있다

우리가 잘 알고 있는 이야기 중 신라시대 김유신 장군의 여동생 보희, 문희와 김춘추와 꿈에 얽힌 이야기는 언니 보희가 경주 남산에 올라가서 소변을 보았는데, 서라벌이 온통 오줌으로 가득 찬 꿈을 동생 문희가 꿈 값으로 비단 치마와 바꿔 훗날 통일신라 김춘추(태종무열왕)의 왕비가 되었다.

조선을 건국한 태조 이성계가 불타는 집에서 기둥 세 개를 짊어지고 나오는 꿈을 꾼 후 무학대사에게 꿈풀이를 부탁했더니 새로운 왕조의 임금이 될 거라는 꿈 해몽은 너무나 유명한 일화이다.

요즘 우리 주변에서 로또에 1등으로 당첨된 사람들의 인터뷰 기사를 보면, 조상님 꿈, 돼지 꿈이 제일 많은데 돌아기신 할아버지가 꿈에 나타나 '수고했다'는 말, 돌아 가신 아버님이 돼지를 몰고 집안으로 들어온 꿈을 꾼 후 1등에 당첨되었다 한다.
또 상(喪)을 당한 사람들은 상을 당하기 전에 자신의 윗니가 빠진 꿈을 꾸었다는 말은 어렵지 않게 들을 수 있다. 뿐만 아니라 누군가 자신에게 이승에서의 마지막 작별을 고하는 꿈을 꾼 그 시간에 작별을 고한 사람이 정말로 이 세상을 하직했다는 부고장을 받는 경우가 흔히 현실로 일어나기도 한다.

우리는 일생의 반을 잠으로 보낸다. 누군가는 자신은 꿈을 믿지 않는다고 말할지 모른다. 하지만 우리 모두는 잠을 자면서 꿈을 꾼다. 중요한 것은 꿈을 통해 겪었던 경험이 중요한 결정을 할 때 마다 알게 모르게 작용을 한다. 꿈풀이가 정확하게 맞는다고는 말할 수 없다. 하지만 꿈풀이는 오랫동안 축적된 통계자료이므로 전날의 뒤숭숭했던 꿈자리로 개운치 못한 하루를 보내기 보다, 꿈 풀이가 좋지 않으면 그 날은 하루는 행동거지를 조심하고, 좋은 꿈 풀이가 나오면 하루를 기대하면 오늘 하루 좋은 활력소가 될 것이다.

辛丑年 庚寅月 癸未日 김 소 원

목차

제2장 꿈의 갈래

조상공양 시리즈 ① ·· 66p
 새로 구입한 자동차 고사지내는 법

ㄱ 70p

ㄴ 110p

ㄷ 128p

▣ 152p

ㅂ 176p

◉ 240p

ㅋ ㅌ ㅍ ㅎ 314p

제 1 장 꿈풀이 기초

1. 꿈의 개념

/

사람이 수면 상태에 있더라도 뇌가 완전한 휴식을 못한 채 꿈을 꾼다면 거기에는 반드시 이유가 있다. 꿈이란 잠잘 때 국부 대뇌물질의 활동이 완전히 정지되지 못한 데서 기인된 대뇌 속의 표상 활동이다. 이것은 현실 생활과 수많은 인과관계를 맺고 있으며 어떤 의미를 나타내는 것이다.

꿈은 사람에 따라 천태만상으로 나타난다. 그러나 그것은 인간의 현실 생활과 심리활동 과정 중 대뇌 속에 축적되었던 무의식, 무의식적인 정보가 수면 과정에서 일정한 형태로 조합되어 나타나는 심리 현상이다. 그러므로 심리학 법칙을 잘 이용하면 얼마든지 확실하게 꿈을 풀이할 수 있다.

앞에서도 말했듯이 꿈은 사람이 잠잘 때 국부적인 대뇌 피층이 흥분상 태에서 완전히 깨어나지 못한 데서 기인되는 일종의 대뇌 중 표상 활동 이다. 그러므로 꿈의 내용은 그가 정신이 깨어 있을 때의 의식 속에 남 아 있는 인상과 깊은 관계를 맺고 있다.

꿈은 또한 질병과도 관계가 있다. 몽유(夢遊 수면 중에 발작적으로 일어나서 하는 행동), 야경(夜驚 어린애가 자다가 놀라서 우는 행위) 또는 초조함이나 야뇨증 등의 모든 수면 장애의 한 표현이다.

꿈의 내용은 항상 혼란하고 허황된 것 같지만 철저히 심리학 법칙을 따른다. 문제는 꿈의 상징물을 어떻게 정확히 파악하는가 하는 점이다. 물론 꿈에 등장하는 사람이나 사건, 물건들은 모두 일정한 상징성을 띠고 있다. 똑같은 사람이나 똑같은 사건, 똑같은 물건일지라도 무엇보다 꿈을 꾼 사람의 신변 재료들을 충분히 파악하는 것이 해몽에서는 매우 중요하다.

왜냐하면 신변 재료가 다음에 따라 꿈에 나타나는 사람이나 사건, 물건은 다소 그 해석이 달라질 수 있기 때문이다. 해몽은 절대 미신이 아니다. 사회가 끊임없이 변화하고 대기오염과 인간 소외에 의한 심신(心身)의 질병과 압박감이 많아지며 따라 꿈에 대한 풀이와 연구는 매우 중요한 의미를 가진다.

인간의 본성을 본아(本我) 인간의 의지를 자아(自我)라 하며 인간의 사회 도덕을 초아(超我)라 할 수 있다. 꿈은 이 자아와 초아의 약속을 벗어나려는 본아의 표현 방식이다.

'꿈에 신부를 얻는다'는 말이 있다. 여기서 본아의 욕심은 부인을 얻는 것에 그치지 않으며 때로는 이웃의 아내를 탐하기도 하고 수십 명의 미녀를 거느리기도 하며 때로는 사장을 죽이고 재물을 빼앗기도 한다.

꿈에서 사용하는 언어는 상징적이다. 꿈의 상징어는 두 가지로 나눌 수 있다. 하나는 일반적으로 통용되는 상징어로서 고금과 세상에 통용되는 사전적인 의미의 상징어이고 다른 하나는 우발적인 상징어로서 어떤 특수성에 의하여 한 사람에게 있어서 어떤 상징적 의미가 매겨지는 상징어이다. 후자의 경우에는 그 사람의 경험적인 재료(개성과 인생 경력을 포함한)를 파악하는 것이 꿈의 상징어를 풀이하는데 결정적인 작용을 한다.

2. 꿈의 특징

1) 꿈은 꿈꾸는 사람의 이야기이다.

대부분의 경우 꿈속에는 꿈을 꾸는 사람, 즉 자기 자신이 존재한다. 따로는 직접 꿈속에 등장하지 않고 타인의 일을 방관하는 듯한 경우도 있지만, 이때에도 꿈의 주인공은 바로 자신의 화신(化身)일 수 있다. 꿈속에서 영화를 보는 장면이 나타났다면 영화속의 주인공이 바로 꿈을 꾸는 자기 자신이다.

이는 '자기를 객관적으로 보다'라고 말할 수 있다.

어떤 꿈은 자신이 꿈속에 등장하지만 꿈속 이야기는 자기와 전혀 관계없는 일, 국가 큰일, 국제적인 일(코로나 19) 이어질 수도 있다. 그러나 이런 경우일지라도 역시 타인이나 국가에 관심을 두는 것은 상징적인 의미로서 사실은 자신이 어떤 상황을 암시하는 것이다.

꿈은 '원시인'의 심성(心聲)이다. '원시인'은 극히 이기적이어서 자기 자신에게만 관심을 나타내며 타인이나 국가의 일을 이용해서도 역시 자신을 나타낸다.

2) 꿈은 거짓말을 하지 않는다.

꿈에 나타난 하나의 사건, 하나의 사물, 이 모두는 상징적인 의미를 갖고 있다. 마치 소설속에 등장하는 주인공의 의상, 거실의 배치 또는 풍경에 대한 묘사가 소설가가 말하고자 하는 주제의식이 숨겨져 있는 것과 같다. 그만큼 꿈속에서 특별히 의상에 대해 묘사하고 있다면, 의상에 대해 상징적인 의미나 예시를 나타내는 것이다.

3) 꿈의 기본적인 표현방식

꿈의 기본적인 표현방식은 아래의 몇 가지로 나눌 수 있다.

① 복합적인 표현방식

꿈에 나타난 사람의 외모는 A와 비슷하지만 말과 행동은 B와 비슷하고 꿈을 꾸는 사람은 오히려 C라고 부르는 경우가 종종 있다. 또는 생김새가 A같기도 하고 B같기도 할 때가 있는데 이때의 꿈꾸는 주인공은 도대체 누구일까? 꿈속의 사물도 역시 흔히 이것 같기도 하고 저것 같기도 한 경우가 많은데 이때의 사물은 도대체 무엇을 상징하는가?

이처럼 불확실한 사람이나 사물은 흔히 A, B, C와 공통된 특징을 상징하거나 혹은 A, B, C와 공통된 특징을 가지고 있는 다른 한 사람이나 사물을 상징한다. 이것이 바로 꿈의 복합적인 표현방식이다. 이를테면 한 여성이 꿈에 어떤 집을 보았는데 화장실 같기도 하고 해변의 탈의실 같기도 하고 또는 침실처럼 생각되었다면 이는 세 곳의 공통점, 즉 옷을 벗는 곳을 상징한다고 할 수 있다.

② 변형의 표현방식

애니메이션에서는 어떤 인물의 특징을 두드러지게 나타내기 위하여 그 사람만의 독특한 부분을 과장하여 그린다. 이러한 변형은 꿈에서도 기본적인 표현방식이다. 때로는 너무 지나치게 변형하여 꿈꾸는 사람도 그것이 무엇을 상징하는지 알 수 없는 경우가 많다.

③ 생략의 표현방식

꿈 역시 하나의 영상 작품이라고 할 수 있으므로 대부분의 표현 방식이 영화의 기교와 비슷하다. 영화에서 사랑하는 남녀가 침대에서 정열적으로 포옹한 채 마구 뒹구는 장면에서 곧바로 여자가 임신한 장면으로 바뀌면 그 사이에 존재하는 많은 시간과 사연이 생략되었지만, 영화를 보는 사람들은 어려움없이 내용을 이해를 한다. 생략 역시 꿈의 기본적인 표현방식의 하나이다.

한 여성이 백마가 허공에 걸려있는 꿈을 꾸었다면 이때의 백마는 남성을 상징하고 백마가 걸려있는 것은 사실 그 아래에 있는 사물이 생략되었기 때문이다. 여기에서 생략된 것은 꿈을 꾼 여성 자신일 것이다.

④ 대용의 표현방식

'시어머니 역정에 개를 걷어 찬다'라는 말이 있다. 개가 미워서 가 아니라 직접 시어머니에게 대들 수는 없으므로 애매한 개에게 화풀이를 한다는 것이다.

꿈에서도 흔히 어떤 한 사람을 다른 사람으로 대신하거나 어떤 사물로 사람을 대체하는 경우가 많은데 이것이 바로 대용의 표현방식이다.

꿈속에서 스타나 초등학교 동창, 혹은 오랫동안 보지 못하고, 떠올린 적도 없는 낯익은 사람을 보았는데 아무 의미도 찾을 수 없다면 꿈에 나타낸 사랑, 불만, 증오는 결국 그들로 대체된 다른 사람을 나타내는 것일 수 있다.

사실 꿈에서 한 사람을 보았다 하더라도 곧 실제로 그를 지칭하는 경우는 매우 드물고 대부분 다른 사람의 대용물이다. 그리고 꿈에서는 어떤 추상적인 개념도 구체적인 사람이나 사물로 대용하여 형상적으로 표현한다. 이 밖에 어떤 특징적인 부분으로 정체(正體)적인 것을 대용하여 상징적으로 표현하기도 한다.

⑤ 병렬(竝列)의 표현방식

꿈에서 병렬은 상대적으로 독립된 두 개의 작은 꿈으로 나타난다. 이 두 개의 작은 꿈은 언뜻 보면 별개의 이야기로 꾸며진 듯하지만 실은 서로 연관되어 있다.

꿈에서의 병렬은 어떤 인과(因果) 관계를 나타내거나 여러 개의 상징물로 하나의 사건이나 사건의 흐름을 반복적으로 설명한다.

한 여성이 꿈속에서 길을 가고 있었다. 길가에는 나무가 있고 그 나무에 꽃을 보고, 꽃을 꺾으려 했으나 꺾을 수가 없었다. 포기하고 다시 한참 동안 길을 걷게 되었다.

그런데 이번에는 그녀의 앞에 넓은 풀밭이 펼쳐져 있고 풀밭에 어미 닭과 병아리가 있었다. 병아리를 훔치기로 마음먹었지만 누군가가 지키고 있어서 훔칠 수가 없었다.

그다음에는 활활 타오르는 불을 보았는데 불꽃이 떨어지면서 밤송이로 변했다. 그녀는 꽃 한 송이를 받아 쥐고는 매우 기뻐했다.

이 꿈에서 거듭 상징되는 상징물들은 사실상 하나의 사건을 설명하고 있는데 그것은 바로 임신이다. 여기서의 병렬은 중복의 단조로움을 피하는 작용을 하기도 하지만 그보다는 어떤 사건의 과정이나 흐름을 보여준다.

두 번째의 상징물인 어미 닭과 병아리는 모자(母子)를 상징하며, 병아리를 훔치려는 행동은 아이를 키우고 싶어하는 생각을 상징한다. 첫 번째와 세 번째의 상징물은 모두 임신을 나타내지만 첫 번째는 실패를 세 번째는 성공을 상징한다.

다시 정리해 보면 첫 번째는 임신에 실패하고, 두 번째는 아이를 갖고자 하나, 역시 뜻대로 되지 않았는데 나중에 다시 임신하게 됨을 상징한다.

⑥ 반어(反語)의 표현방식

꿈에 나타난 꿈에 나타난 일이 반대의 뜻을 상징하는 표현방식이다. 꿈이 반어의 표현방식을 선택할 수 있는 것은 사람들이 일상에서 흔히 자기의 본심을 숨기려는 생각을 가지고 있거나, 불행이나 불쾌한 일을 당하면 '일이 그 반대로 된다면 얼마나 좋을까'하는 희망을 품고 있기 때문이다. 그러나 꿈에서의 '반어'는 꿈에서 나타난 상황, 상징물을 거꾸로만 풀이하면 되는 것이 아니다.

이를테면 돈을 잃어버리는 꿈을 꾸었다면 실제로 돈을 얻게 됨을 상징하지는 않는다. 꿈에 나타나는 돈은 단지 돈 만을 상징하는 것이 아니라 명예, 지위, 신심 외에도 많은 것을 상징하기에 꿈에서 보여주는 상황은 꿈꾸는 사람의 현재의 상황과 위치를 근거하여 구체적으로 풀이해야 한다.

3. 꿈 풀이의 기술

/

꿈은 의지의 자아와 도덕의 초아의 약속을 벗어나려는 본성의 본아의 표현방식이다. 꿈 풀이에서 본아를 '원시인(原始人)'이라고도 명명한다. 이 '원시인'은 평상시에 문화인으로 나타나는 자아와 사회인으로 나타나는 초아에 의하여 연금상태에 놓여 있어서 잠재의식 속에 짓눌려 있다가 꿈을 통하여 자기의 형체와 의미를 드러낸다. 그런데 '원시인'은 글을 쓸 줄 모르고 말을 할 줄도 모른다. 그리하여 '원시인'은 우화와 같은 이야기를 꾸미고 어떤 상징물을 통하여 자기의 뜻을 전달한다.

어떤 문맹인이 멀리 떨어져 있는 친구가 보고 싶어도, 글을 모르기 때문에 편지를 쓸 수가 없었다. 글은 몰라도 매우 총명한 이 문맹인은 편지에 다섯 개의 문을 그리고 그 옆에 돼지 한 마리를 그려서 보냈다. 그런데 한참이 지나도록 그 친구에게서 소식이 없자, 이번에는 다섯 개의 문을 그리고 그 옆에 보리를 그려서 편지를 보냈다. 그제서야 친구는 그의 뜻을 알고 찾아왔다.

첫 번째 그림은 문이다. 다섯 개이니 '오문(五門)'이요, 돼지는 되지로 통할 수 있으므로 '오면 되지'로 풀이된다. 두 번째 그림은 다섯 개의 문에 보리를 그렸으므로 '오면 보리'로 풀이된다.

이처럼 꿈도 역시 '원시인'이 어떤 연관된 물건이나 상징물을 통하여 자신의 뜻을 전달하는 것이다.

어떤 사람이 무척 용맹하여 마치 사자와 같은데 '원시인'은 그 사람이 사자같이 용맹하다는 것을 말과 글로 표현할 수가 없기 때문에 사람의 머리에 사자의 몸뚱이를 가진 괴물을 창조해 낸 것이다.

피라미드 앞의 인면사신상(人面獅身橡)도 이렇게 창조된 것이라 한다.

또 이를테면 '원시인'은 어떤 여자가 교활하고 사악한데 네가 그녀한테 유혹되어 매우 위태롭다고 알려주려 하지만 말과 글을 몰라 아래와 같은 꿈을 창조한다.

잘 아는 한 여자가 '나'를 어떤 방으로 데리고 들어가는데 방 안에 들어서니 그녀는 간 곳이 없고 뱀 한 마리가 꿈틀거리고 있었다. '나'는 기겁하여 걸음아 나 살려라 달아나는데 아무리 애를 써도 한 발짝도 움직일 수가 없었다.

'원시인'이 전달하려는 뜻을 알려면 그 시작과 끝을 잘 알아야 한다. 적어도 하나의 완전한 줄거리는 알아야 한다는 것이다. 위의 꿈에 '뱀'이라는 글자 하나만 알고는 그것이 무엇을 뜻하는지는 도무지 알 수가 없다. 왜냐하면 우리 일상에서 그 시작과 끝을 모른 채 다만 '된다'는 말을 듣고 서는 도대체 '가도 된다'는 말인지 아니면 '와도 된다'는 말인지 알 수 없듯이 하나의 상징물은 경우에 따라 여러 가지 의미를 포함할 수 있기 때문이다.

'원시인'은 때로 특이한 능력도 가지고 있어 멀리 떨어져 있는 친구에게 발생한 중대한 일도 알아낼 수 있다. '원시인'은 말과 글도 모르고 '문화수준'이 높지도 않지만 매우 순박한 지혜를 가지고 있으므로 절대 표면적인 현상에 속지 않고 사물의 본질을 뚜렷하게 파악한다. 그는 언제나 주위의 일들을 주목하고 있기 때문에 아주 작고 사소한 일에 대해서도 중요한 판단을 내릴 수 있다.

'원시인'은 공포와 긴장을 느끼거나 어찌할 바를 모르거나 모순에 빠질 때도 있으나 거짓말을 할 때는 거의 없다. 그러기에 해몽법을 배우고 '원시인'의 뜻을 풀이하는 것은 자신을 좀 더 투명하게 알 수 있는 지름길이다. 그러므로 꿈 풀이를 할 때는 몇 가지를 투명하게 밝혀야 한다.

1) 꿈의 언어는 상징이다.

꿈의 언어는 상징이다. 꿈에 어떤 여자가 요강을 꽃병으로 생각하고 진열에 사용하는 것을 보았다. '요강-꽃병'이 바로 상징인데 도대체 무엇을 상징하는 것일까? 요강은 소변을 보는데 사용하는 것이고 꽃병은 꽃을 장식하는데 사용된다.

그렇다면 요강처럼 사람들의 배설에 사용되기도 하고 또 꽃병처럼 사람들의 볼거리로 쓰이는 물건이 무엇일까? 그것도 밤에는 요강의 역할을 하고 낮에는 꽃병이 되는 것 말이다. 그것은 여자이다. 여자는 밤이면 남자의 배설에 사용되고 낮에는 남자의 관상용이 되기도 한다. 옛날에는 얼굴만 이쁘고 머리가 나쁜 여자를 꽃병이라고 했다.

그래서 이 꿈의 내용을 추리면, 이 꿈을 꾼 여자가 가지고 있는 남녀의 성에 대한 태도를 알 수 있다. 그녀는 성행위를 남자가 여자의 체내에 소변을 배설하는 것처럼 더러운 것으로 여기고 있는 것이다. 그녀는 남자가 여자를 필요로 하는 것은 오직 성적 대상이나 관상용 두가지 뿐이라고 인정하고 있는 것이다.

꿈 풀이를 배우는 과정은 여러 가지 상징적인 의미를 풀이하는 과정이다. 바꾸어 말하면, 많은 상징적인 의미를 알고 있으면 그만큼 꿈풀이가 쉬울 수 있다. 이를테면 '병'은 여자의 생식기를 상징하는 것을 알면 위의 꿈에서 '요강-꽃병'이 여자의 생식기를 뜻하고 나아가서 여자와 연관된다는 것을 쉽게 알 수 있다. 그러나 대부분의 꿈은 여러 개의 상징물을 통하여 완성된 하나의 뜻을 나타낸다. 그만큼 하나의 완성된 꿈의 줄거리에서 여러 가지 상징적인 의미를 종합적으로 파악해야 제대로 꿈풀이를 할 수 있다.

열 몇 살 때부터 몇 십 년 동안이나 항상 똑같은 꿈을 꾸는 여자가 있다. 그녀는 재래식 화장실에서 바지만 벗으면 깊은 화장실 구덩이에 빠지는 꿈을 꾸며 공포에 떨었다.

이 꿈을 풀이하기 위해서는 우선 꿈을 꾼 사람이 실제 같은 경험이 있었는지 알아보아야 한다. 만약 그런 경험이 있었다면 이 꿈은 과거의 경험이 너무 강해서 그냥 꿈에 나타난 것일 수도 있다.

그러나 그런 경험이 없었다면 이는 틀림없이 상징적인 언어로써 다른 뜻을 나타내는 것이다. 이 꿈속에는 세 개의 상징이 있으나 모두 흔히 볼 수 있는 것들이다. 첫째는 재래식 화장실과 그 아래 오물 구덩이이고, 둘째는 바지를 벗는 것이며, 셋째는 빠지거나 떨어지는 것이다. 이외에 꿈속에는 또 하나의 정서가 있으니 두려워하는 공포 심리이다.

여기에서 재래식 화장실이나 오물 구덩이는 더러움을 상징하고, 바지를 벗는 것은 섹스를 상징하며 구덩이에 빠지는 것은 타락을 상징하는 것이다. 그렇다면 이 꿈의 뜻은 매우 투명 해진다. 그 여자는 섹스를 하나의 타락 행위나 더럽고 무서운 일로 생각하고 있는 것이다.

그러나 실제로 대부분의 꿈풀이가 이처럼 간단하지가 않다. 왜냐하면 많은 상징적인 의미를 우리는 잘 알지 못할 뿐만 아니라 전문가조차 알지 못한다. 역시 대부분의 상징은 꿈을 꾼 사람이 무의식중에 창조한 것이기 때문에 자기 자신조차 잘 알 수 없기 때문이다.

이처럼 '꿈의 언어'에 대하여 우리는 고고학자처럼 추측이나 측면의 탐색을 통하여 그 뜻을 밝혀내야 하는 경우가 많다. 어떤 상징적인 의미로는 도저히 그 뜻을 밝혀내지 못하는 것도 있다.

'원시인'은 때로 아주 보편적인 상징에 수정을 거쳐서 거기에 별도로 하나의 특수한 의미를 가미하기도 한다. 알아 두어야 할 것은 하나의 상징물이 여러 개의 중요한 의미를 나타내는 수도 있다는 점이다. 말하자면 언어학의 동음이의어와 비슷하다고 할 수 있다.

2) 상징의 의미

위에서 언어학의 '동음이의어'와 비슷하게 하나의 상징물로도 여러 개의 의미를 나타낸다고 했다. 굴러 떨어지는 것을 예로 들면 우선은 실생활에서 굴러 떨어진 경험이 있을 수도 있다.

새로 지은 7층 아파트의 베란다에서 굴러 떨어지는 꿈을 꾸고 베란다를 살펴보았더니, 눈에 띄게 허물어져 있었다는 사례가 있다. 또 아들이 사다리에서 굴러 떨어지는 꿈을 꾸고 사다리를 살펴보니 과연 한 곳이 삐기 덕 거리더라는 실례도 있다. 그러나 만약 이와 같은 표면적인 정보가 없는 경우라면 이는 꿈을 꾸는 사람이 눈앞에 어떤 비유적인 '굴러 떨어짐'이 있을 수 있다.

학생이 성적이 좋지 않아 몹시 근심하였다. 그런 뒤 밤마다 학교 계단에서 굴러 떨어지는 꿈을 꾸었다. 어떤 여자는 남편이 승진 후 굴러 떨어지는 꿈을 꾸었는데 이는 그녀가 남편과의 거리감이 생겨 근심하는 것을 상징한다.

이처럼 '굴러 떨어짐'은 경우에 따라 성적이 떨어짐을 나타내거나, 성적의 급락, 타락, 또는 다른 무엇을 나타낼 수도 있다. 그러므로 하나의 상징물로의 의미는 그 꿈을 완전하게 풀이할 때에 야만 정확하게 확인할 수 있다.

위의 예에서 대학생이 학교 계단에서 굴라 떨어졌으므로 이는 그의 '굴러 떨어짐'이 학교와 관련되는 것이고 그로부터 우리는 이 꿈에서 '원시인'이 전달하는 의미가 성적이 좋지 않아 유급 당하지 않을까 두려워하는 것임을 알 수 있다.

만약 굴러 떨어지는 형식이 다르면 그것이 나타내는 의미도 다를 수 있다. 어떤 여성이 침대에 누워 있다가 굴러 떨어지는 꿈을 꾸었다 면, 우리는 '침대'에서 이 꿈은 꼭 가정이나 성(性)과 연관되어 있음을 추측할 수 있다. 왜냐하면 침대는 휴식을 하거나 사랑을 나누는 곳이기 때문이다. 그런데 이 여성은 이미 결혼하였으므로 결코 성을 타락으로 생각하는 심리가 존재하지 않는다. 이 꿈에서 '굴러 떨어짐'은 가정의 기초가 흔들리고 결혼생활이 여의치 않음을 나타낸다고 판단할 수 있다.

과련 그 여자는 남편이 그전처럼 자기에게 관심을 보이지 않아 '소외'를 느낀다는 것이었다. 그러므로 이 꿈에서 '굴러 떨어짐'은 '소외'를 상징하는 것이다.

꿈풀이에서는 절대 기계적으로 상징을 해석할 것이 아니라 꿈과 기타의 관련 요인에 근거해야 판단해야 확률을 높일 수 있다.

3) 진실을 증명할 소재를 찾아야 한다

흔히 꿈 하나로는 도무지 풀이가 되지 않을 때가 있다. 이때에는 그 꿈에서 진실을 증명할 소재를 찾아야 한다. 이를테면 꿈을 꾼 사람이 전날 무슨 일을 하였는지, 무엇을 생각 하였는지, 어떤 사람을 만났는지, 등을 자세히 살펴보면 꿈을 풀이할 수 있는 실마리를 잡을 수 있다.

'낮에 생각하는 것이 있으면 밤에 꿈이 있다'는 말이 있다. 꿈은 낮에 만났던 사람이나 있었던 일과 연관이 된다. 그리고 꿈을 꾼 사람이 어떤 사람이고 최근에 어떤 정신 상태인가 하는 것들을 알아보는 것도 꿈풀이에 크게 도움이 될 수 있다. 꿈은 항상 정서와 크게 연관된다. 낮에 있었던 일이라도 정서에 크게 영향을 주지 않는 것이라면 꿈에 나타나는 경우가 아주 드물다.

일상적인 일 같은 것은 일반적으로 꿈과 별로 관계되지 않는다. 그러나 한순간 마음을 찌르는 말과 같이 작은 일일지라도 곧바로 정서에 파문을 일으킨다면 역시 꿈에 나타날 수 있다. 낮에는 이성의 억압으로 감정이 심하게 다쳤다면, 꿈에서는 이런 정서가 아무런 구속 없이 원형을 드러내게 되는 것이다.

낮에는 다만 조금 불쾌하게 생각하던 것이 꿈속에서는 그 무례한 사람을 죽여버리려고 날뛸 수도 있다. 그러므로 꿈 풀이는 꼭 정서와 관련된 일에 중점을 두고 풀이해야 한다. 낮에는 희미하던 정서이지만 그 정서와 꿈속의 정서가 계속 지속적인 관계를 유지한다면 낮에 있었던 일은 꿈과 필연적인 관계를 갖게 되는 것이다.

만약 꿈이 낮에 있었던 어떤 일과 연관되지만 꿈속의 정서가 낮의 정서와 반대되면 꿈속의 정서가 진실한 것이다. 그리고 꿈을 꾼 사람이 어떤 사람인가를 확인하는 것도 해몽에서는 매우 중요하다. 왜냐하면 그가 어떤 사람인지를 알면 그가 사람이나 사물, 사건을 대하는 자세를 알 수 있기 때문이다. 이런 자세나 반응은 흔히 그대로 꿈에 나타나게 된다. 특히 대인 관계의 변화에 관심을 두어야 하는데 이는 흔히 사람에게 무엇보다 중요한 것이다.

꿈 속에서 중세 복장을 하고 어두침침한 집안으로 들어갔는데 그 집 안은 아수라장 이였다. 그때 갑자기 몇 사람이 그를 향해 덮쳤고, 날쌔게 그들을 쓰러트렸다. 그 직후 몸을 돌려 그 집을 나서면서 태연하게 담배 한 개피를 물고는 수류탄을 어깨너머로 던졌다. '쿵'하는 소리와 함께 집이 무너졌다. 그 순간 그는 교과서를 집안에 두고 나왔다는 생각이 들었으나 집은 이미 건물 잔해 뒤덮여 버린 뒤였기 때문에 찾을 방법이 없었다. 다음 순간 그는 대수롭지 않게 생각하면서 길을 떠났다.

지인은 왜 이 학생이 이런 꿈을 꾸었는지 알 수 있었다. 그날 학생은 영화 '마지막 영웅'을 보았는데 영화의 한 장면이 바로 꿈속의 상황과 비슷했다. 그리고 그 학생은 장난을 좋아하고 약속을 싫어하는 타입이었다. 학교는 다니지만 이런저런 규칙이 많은 것에 여러 번 불만을 토로했었다. 또 공부도 그다지 열심히 하지 않았고 학기말 시험이 조만간 있음도 알았다.

이런 방증 재료로부터 이렇게 판단했다. 꿈에 나타난 어두침침한 집은 곧 학교를 상징하고 적들을 죽이고 집을 폭발시킨 것은 억눌렸던 감정의 폭발을 상징한다. 폭발된 집에 교과서가 있다는 것은 그 과목의 시험 성적이 좋지 않음을 상징하고 교과서를 잃은 것을 대수롭지 않게 생각하는 것은 그 학생이 평상시에 무엇이든 대수롭지 않게 여김을 상징한다. 꿈풀이는 불완전하지만 정확했고 그 학생은 과연 학기말 시험에 낙제하고 말았다.

4) 넝쿨 따라 수박 찾기

한 여자가 첫 키스를 차 안에서 했는데 그녀의 '원시인'은 차를 억제당한 낭만적인 사랑과 성적 충동의 상징으로 생각했다. 16년이 지난 후 그녀는 이미 결혼하여 아이까지 있으면서도 새로운 연애에 빠졌다. 그녀는 꿈에 자기가 차(車) 위에 서서 두려움에 떨면서도 기쁜 마음으로 차가 도대체 어디로 갈지 추측하는 꿈을 꾸었다.

타인은 '차'라는 개념만으로는 그녀의 생각을 알아낼 수가 없다.

대부분의 사람들에게 차는 결코 억제당한 낭만적 사랑과 성적 충동을 의미하지 않기 때문이다.

이런 특수한 경우에는 '넝쿨 따라 수박 찾 듯' 연상(聯想)의 방법을 이용해야 한다. 꿈을 꾼 그녀에게 차에서부터 연상을 시작하여 차와 관련하여 무엇을 떠올릴 수 있는지 묻는다.

그녀의 기억 속에서 차는 자신의 첫 키스와 관련되므로 대뜸 '차'를 첫 키스와 이어 놓게 될 것이다. '첫 키스'사건은 우리가 찾으려는 수박이다. 우리가 그녀의 신변 정보를 전혀 모를 때 그것은 무성한 잎들에 가려워져 보이지 않는다. 다만 '차'라는 이 넝쿨을 따라 줄곧 더듬어 내려가야만 이 수박을 찾아낼 수 있는 것이다.

꿈 풀이는 꿈의 상징 언어를 풀이하는 것이라고 할 수 있지만 어떤 경우에는 꿈에 나타난 물체가 그 자체의 의미 외에는 아무것도 아닐 수 있다. 이를테면 꿈에 나타난 신발은 대체로 사랑이나 결혼처럼 이성과 연관된 것을 상징하지만 때로는 신발 그 자체만을 나타내기도 한다. 만약 어린이가 낮에 어떤 스포츠용 신발을 마음에 들어 했는데 부모가 사주지 않았다. 그런데 그날 저녁 자신이 그 신발을 신고 공을 차는 꿈을 꾸었다면, 그가 결혼에 대해 어떤 생각을 하였음을 상징하는 것이 아니라 단지 꿈을 빌어 그 신발에 대한 욕망을 만족시켰을 뿐이다.

그러므로 꿈에 나타난 상징물도 역시 그 꿈의 완전한 '이야기'나 방증 재료(傍證 材料)에 근거하여 확인해 야지 무조건 상징 의미를 풀이해서는 안 된다.

5) 꿈꾸는 사람의 신분을 확인해야 한다.

같은 꿈이라도 꿈꾸는 사람의 신분에 따라 상징적 의미가 달라진다. 남녀노소 모두 다르다. 이를테면 하늘을 날아오르는 꿈은 어린이나 젊은이에게는 대체로 자유와 성공을 상징하는 길몽일 수 있지만 늙은이에게는 죽음을 상징하는 불길한 꿈일 수 있다.

그만큼 신분에 따르는 꿈의 특성을 밝히는 것은, 꿈 풀이를 정확하게 하는데 매우 중요하다.

일반적으로 젊은 여자는 사랑과 관련된 꿈을 많이 꾸고 젊은 남자는 사랑과 관련된 꿈과 사회적인 지위와 관련된 꿈을 비슷하게 꾼다.

여자의 꿈에는 항상 '방관자'나 '평가자(評價者)'가 있다.

중년 여자는 중년 남자보다 자녀와 관련된 꿈을 더 많이 꾼다.

어린이의 꿈에는 늘 보는 동물이 자주 나타나는데 이런 동물들은 흔히 주위의 누군가를 상징한다.

어린이는 성인보다 더 자주 악몽이나 긴장하고 초조한 꿈을 꾸는데 공포를 자아내는 꿈은 흔히 요괴나 귀신 강도가 뒤를 쫓거나 붙잡는 것이다. 그런데 이런 무서운 생령(生靈)들도 사실은 자신의 주위의 인물 누군가를 상징할 따름이다.

어린이가 이런 꿈을 자주 꾸게 되는 것은 그들이 아직 자립 능력이 없고 사회가 성인에 비해 매우 낯설기 때문이다. 그리고 무엇이든지 직관적으로 받아들이는 것은 부모들이 자식에게, '버린다' '붙들어 간다' '호랑이가 물어간다'는 등의 위협적인 말을 쓰는 것과도 무관하지 않다.

늙은이의 꿈은 흔히 과거에 대한 추억이나 질병, 죽음과 관련된 것이 많다. 늙은이는 중년보다 더 자주 어린 시절 꿈을 떠올린다. 그러므로 꿈꾼 사람의 연령, 성별, 직장 등 신변 자료를 자세히 파악해야 한다.

6) 꿈꾸는 사람의 상징물을 찾아야 한다

꿈은 한 사람의 심리 반응인 만큼 꿈꾸는 사람을 대표하는 상징물이 있다. 그런데 꿈꾸는 사람이 나타내는 상징물은 하나일 수도 있으나, 대부분 여러 사람의 성격 중에서 자기와 비슷한 특징들로 자신의 다중인격의 특징을 종합적으로 나타내는 경우가 훨씬 더 많다. 이를테면 친구들 중에서 활발한 사람이나 차분한 사람, 열정적인 사람, 이기적인 사람 등의 성격을 종합하여 그와 비슷한 자기의 성격을 나타낼 수 있는 것이다.

어머니의 자애로움으로 자신의 너그러운 성격을 나타내면서도 또 자녀의 친근함으로 자신의 미성숙을 나타낼 수도 있다. 또 부모의 형상으로 자신의 미래를 상징하면서도 형제자매나 자녀들로 자신의 과거를 상징할 수도 있다. 오직 꿈에 나타난 상징물로 그 자체에 의미가 매겨지지 않을 그것은 꿈꾸는 사람의 어떤 특징을 상징할 수 있는 것이다.

갈등이라고 하는 것은 다름 아니라 바로 일부분의 자아와 다른 일부분의 자아가 대결하는 것이다. 이를테면 개한 테 쫓기는 꿈을 꾸었다면 이는 일반적으로 도덕적인 자아, 초월적인 자아가 본초적인 자아와 싸우고 있음을 나타낸다.

7) 꿈꾸는 사람의 개성 파악해야 한다

작가에게는 그 나름대로의 개성적인 글의 있듯이, 사람에 따라 꿈을 꾸는 개성도 역시 다르다. 어떤 사람은 상징물을 자주 등장시키지만 어떤 사람은 대용물 사용을 즐긴다. 다른 사람은 항상 간단 명료한 꿈을 꾸지만 또 다른 사람은 복잡하고 함축된 꿈을 꿀 수도 있다.

한 사람이 꾼 여러 개의 꿈을 풀이해보면 그 사람의 꿈에 나타나는 상징적인 의미를 쉽게 파악할 수 있다. 이를테면 장씨 성을 가진 친구가 용감한 성격을 상징한다면, 꿈 속에 장씨 성을 가진 친구가 나타날 때 그 역시 용감한 성격을 상징할 수 있다.

4. 꿈 풀이와 심리의 건강

/

꿈 풀이의 목적은 결코 자신의 통찰력이나 분석력을 과시하기 위해서가 아니며 꿈꾸는 사람의 심리적인 의혹이나 미래의 운수를 풀이하기 위해서도 아니다. 꿈 풀이의의 의의는 바로 초아와 자아, 본아의 만남과 조화를 통하여 심신(心身)의 건강을 촉진하고 인간관계에 있어서의 성격을 조화롭게 유지하여 심리의 건강과 성장을 돕는 데 있다.

첫째, 인생의 의미와 삶의 지혜를 찾아야 한다.
꿈은 마음이라는 집에 살고 있는 '원시인'의 생산물이다. 이 '원시인'은 인간의 심리 구조 중에서 가장 원시적인 의식을 가지고 있다. 그러나 시시각각 외부의 정보를 수집하고 여러 가지 현실의 상황을 분석한 후 정립된 '시상'을 꿈을 통하여 전달한다. 꿈을 통하여 전달된 이 '시상'이 '원시인'의 고유한 의식 자체일 뿐만 아니라 외부의 정보를 수집하고 현실 상황을 분석한 후 정립한 것이기 때문에 그것은 인간의 심신의 건강과 성장에 매우 중요한 가치가 있다.

사람들은 흔히 문제를 추상적, 개괄적으로 생각한다고 판단한다. 사물을 관찰함에 있어서도 선택적이다. 이를테면 한 사람의 연설을 들을 때 연설의 내용에 주의력을 집중한다 하지만 기껏해야 억양이나 말투에 관심을 둘뿐이다.

그러나 잠재의식 속에 '원시인'은 마치 스스로 돌아가는 핸드폰의 녹화 기능처럼 연설자의 모든 정보를 하나도 빼놓지 않고 메모리에 담아둔다. 그만큼 '원시인'은 상대방의 극히 작은 움직임까지도 깊은 관심을 가지고 주시한다. 그러기에 '원시인'은 사람이나 사물, 사건 등을 좀더 세밀하고도 전면적으로 관찰할 수 있으며 의식구조에서 쉽게 흘려버리는 것들을 포착해 낼 수 있다. 사람들은 흔히 스스로 자기 자신을 속인다. 사람에게는 언어가 있다고 생각이 있기 때문에 동물보다 훨씬 지혜롭다.

그러나 그 때문에 인간은 스스로 속일 수도 있는 것이다. 어떤 사람은 마음속으로는 자신의 아버지를 미워하고 유산을 넘보면서도 스스로를 책임감이 강하고 효성이 지극하다고 자기 자신을 속인다. 어떤 사람은 한 여인에게 욕망을 품고 있으면서도 다만 이성 친구로서 인생을 담론할 뿐이라고 스스로를 속인다. 어느 여성은 남편이 외도하는 것을 알면서도 사실을 밝히면 오히려 남편과 물질적 여유를 빼앗기게 될까 봐 남편이 사업 때문에 무척 바빠서 종종 집에 오지 못한다고 스스로를 속인다.

그러나 잠재의식 속의 '원시인'은 현실을 직시하고 있다. 그러므로 현실을 외면하거나 도피할 것이 아니라 진실을 밝혀 옳은 방법으로 확실하게 문제를 해결해 나갈 것을 촉구한다. 잠재의식 속의 '원시인'은 인간이 본능적으로 바라는 것이 무엇인지를 정확하게 알고 있다.

그런데 사람은 의식 구조에서 스스로를 기만하거나 여러 가지 강박관념의 속박을 받고 있기에 대개는 자신이 무엇을 바라는지조차 모른 채 사회나 집단, 또는 자신의 욕망을 추구해 나간다. 그윽하고 어두운 미지 세계에 잠입하여 진주를 캐 듯이 꿈 풀이를 통하여 책에서나 사회에서 배울 수 없는 인생의 지식과 삶의 지혜를 얻게 될 것이다. 이는 인간의 심리적인 건강과 성장에 매우 중요한 작용을 한다.

대부분의 심리적인 장애는 모두 자기 기만이나 자아에 대한 몰이해에서 초래된다.

유부남과 사랑을 즐기는 여자가 있다. 그 여자는 진정한 사랑이라고 다짐하면서 만나는 남자마다 한발 늦어서 이미 결혼한 상태라고 위안을 한다.

심리상담을 받은 후 첫사랑에 실패한 그때부터 자신에게 문제가 있었음을 알게 되었다. 첫사랑의 남자가 친구를 사랑하게 되어버렸던 것이다. 그후 그 여자도 역시 다른 여인의 사랑을 빼앗을 수 있는 능력이 있음을 증명하려는 행위에 불과하였다. 이는 성(性)의 복수를 상징하기도 한다. 그녀는 모든 유부녀를 자기의 사랑을 빼앗아 간 라이벌로 간주하고 그녀들의 사랑을 빼앗아 오는 것이 이전의 라이벌에 대한 복수라고 확신하였던 것이다. 바꾸어 말하면 그녀는 모든 유부남을 첫사랑의 상징으로 생각하고 어떤 방법으로 든 되찾아 오려 했던 것이다.

만약 그녀의 꿈을 종합적으로 분석하고 잠재의식의 원형을 밝혀낸다면 그녀는 이런 어처구니없는 행위를 포기하고 참된 사랑을 할 수 있을 것이다.

둘째, 마음속의 잠재의식을 받아드려야 한다.

꿈 풀이를 통하여 심리 건강을 찾으려면 우선 마음속의 잠재의식을 받아들이고 바른 자세로 정리, 조절해야 한다. 꿈이 우리에게 제공하는 지식은 대부분 원시적이고 본능적이며 '공개할 수 없는 것'들이다.

이를테면 스스로는 순결하다고 자부하거나 음란하지 않다고 생각하는 사람이 꿈속에서는 누구보다도 더 음란함을 발견하는 경우가 있다. 또 스스로는 부드럽고 선량하다고 생각하는 사람이 꿈속에서는 타인에 대한 깊은 원한과 악의를 품고 있거나 냉혹함을 발견하는 경우도 있다.

어떤 사람은 꿈에 자신이 복잡한 성관계의 충동을 받고 있음을 발견할 수 있고 현실에서 언제나 도덕적, 감정 조절이 잘 되는 사람이 꿈에서 자유분방한 생활을 갈망하고 있음을 발견하는 수도 있다.

이런 모습을 쉽게 받아들일 수 있는 사람이 과연 얼마나 될까? 꿈속의 모습이 진실일지라도 그대로 받아들이고 인정하려 하지 않을 것이다.

그러나 성인군자가 아닌 다음 에야 어찌 잡념이 없을 수 있을까? 평범한 인상의 사람에게는 누구나 다 속된 생각, 고상하지 못하고 순결하지 않은 욕망이 꿈틀거릴 수 있다, 이런 욕망은 정직한 사람한테서는 흔히 사회 도덕과 이성의 억압으로 잠재적인 상태에 묶여 있다, 꿈속의 '인물형상'을 통하여 적나라하게 드러난다.

예를 들면 남편과 오랫동안 별거 생활을 하고 있던 한 여성은 항상 이웃 남자와 사랑을 나누는 꿈을 꾸었다. 그러나 그녀는 절대 그런 나쁜 마음을 가질 수 없다고 의아해하면서 꿈의 의미를 전혀 받아드리려 하지 않았다. 사실 꿈의 의미를 나쁘다고 할 수는 없다. 그것은 다만 인간의 본능이나 인성의 발로일 뿐이다.

며칠 굶은 사람이 맛있는 음식을 먹는 꿈을 꾸듯이 성적 욕구를 충족시키지 못한 사람이 꿈속에서 이성을 만나 그것을 해소하는 것도 지극히 당연하고 자연의 섭리에 맞는 일이다. '원시인'의 의식이 한 인사의 가장 본능적이고 원색적인 심리 표출이라면 절대 그것을 외면하거나 사회도덕 내지 강박관념으로 자학하지 말아야 한다. 사념(邪念)도 그 자체로서 존재 이유나 합리성이 있다.

선의 억제가 악을 조장하듯이 인간의 정상적인 욕구가 만족을 얻지 못하면 사념이 일어날 수 있다. 이때 사념을 억누르려고 하자 말고 반대로 정상적인 욕구를 만족시켜야 악을 없앨 수 있다.

기아는 허덕이는 사람은 굶어 죽더라도 절대 훔쳐서는 안 된다는 선량한 마음으로 자신을 단속하기보다는 동냥을 해서라도 기아를 몰아내는 것이 훨씬 바람직한 일이다. 때로는 정상적인 인성도 사회의 기성도덕과 질서나 법에 의하여 사념적인 것으로 낙인찍히는 경우가 있다.

사회 도덕과 질서, 법은 궁극적으로 인성의 발전을 위한 수단에 지나지 않는다. 그만큼 사회 기성 도덕과 질서와 법은 일정한 단계에서는 인간의 본능이나 인성을 규제하는 제도적 장치도 되지만 결과적으로는 인간의 본능이나 인성의 정리(整理)와 공성확립에 따라 재조립된다. '남여칠세(男女七歲) 부동석'이나 '열녀일경부이경(烈女一更不二更)'과 같은 기성 도덕이 사회와 관념의 변화에 힘입어 변화한 경우가 그렇다. 그러므로 모든 것을 사회 기성 도덕과 질서와 법 또는 집단적인 이념이나 강박관념으로 얽어 매는 것은 정상적인 이성조차 소외하고 인간을 로봇화 하는 것 외에 아무것도 아닐 수 있다. 꿈에서 나타난 잠재의식을 인정하고 받아들여 스스로 반문하며 변호하고 마음과 대화를 나누면서 정리, 조절하여 퇴색한 관념을 버리고 합리적인 관념을 정립하면 자신의 심리 건강을 더욱 완벽하게 관리할 수 있다.

셋째, 꿈의 심리 상태를 잘 판단해야 한다.

잠재의식은 사람의 의식에 영향을 미친다. 그것은 암시적으로 나타나기 때문에 그 원인을 판단하기 매우 어렵다. 예를 들면 공포증이 있는 사람은 흔히 두통이 있고 기억력이 별로 없거나 신경질을 잘 내는데 일상 생활에서 벌어지는 이 현상의 원인은 무엇인지 판단할 수 없다. 꿈을 잘 풀이하면 진실한 정서와 심리 상황을 읽을 수가 있어 심리 갈등을 해소하고 소극적인 정서를 극복할 수 있으며 건강을 회복하고 올바른 인생을 선택할 수 있다.

넷째, 꿈이 들려주는 경보(警報)에 귀 기울여야 한다.

일상생활에서 어떤 위험에 직면했을 때 꿈은 어려가지 상황을 통해 암시를 준다. 여기서 말하는 위험이란 치명적인 것만이 아니라 자신에게 유해를 끼치는 것이라면 꿈은 그대로 경보를 울려준다. 우리가 일상생활에서 무심하게 흘려버리는 사소한 일조차 '원시인'은 놓치지 않고 그 진상을 투명하게 들여다본다. 그러므로 꿈의 경보에 귀를 기울이면 곧 직면하게 되는 위험에 사전에 방지할 수 있다.

다섯째, 꿈 풀이를 통하여 자신을 알아야 한다.

사람은 인생 길에서 수없이 많은 선택을 한다. 선택은 의지의 재현이다. 선택은 인간의 운명을 결정한다고 할 수 있다. 어떤 일이든지 무조건 타인의 주장만 따르고 주관적인 판단과 선택이 없는 사람은 노예나 마찬가지이다. 이처럼 인생에 있어서의 선택은 매우 중요한 반면 매우 어려울 것이다.

왜냐하면 외부의 많은 것들이 불투명하고 알 수가 없기 때문이다. 그러나 그 보다도 알 수 없는 것은 인간의 마음이다. 도대체 어떻게 해야 옳을지 선택이 망설여질 때 '원시인'도 올바른 선택을 하도록 꿈을 통하여 계시를 주는데 대개는 그 선택이 자신의 심리와 능력에 적중한 선택이다. 왜냐하면 잠재의식을 주관하는 '원시인'은 그 심리 상황을 누구보다도 잘 알고 있으며 도대체 무엇을 사랑하고 무엇을 미워하며 어떤 욕망을 가지고 있는지 잘 알기 때문이다. 꿈의 선택과 자신의 판단이 빗나갈 때는 일반적으로 꿈의 지시를 받아들이는 것이 바람직하다. 여기에서 중요한 것은 꿈풀이는 확실하게 되었는가 하는 것이다.

여섯째, 꿈을 통하여 성격을 정리, 조절해야 한다

좋지 않은 성격의 사람은 좋지 않은 꿈을 자주 꾸게 된다. 예를 들면 성격이 활달하고 생기가 넘치는 사람은 흔히 날아다니는 꿈을 꾸고 성격이 편집(偏執)적이고 고집이 센 사람은 귀신을 만지거나 타인에게 쫓기거나 싸우는 꿈을 많이 꾼다. 그러나 귀신을 만나거나 타인에게 쫓기는 꿈 중에서도 맞서 싸우는 꿈에 비해 항상 도피하거나 어딘가로 숨어드는 꿈을 꾸는 사람은 성격이 나약하고 두려움이 많다.

때로는 꿈속에서 나타나는 성격이 깨어 있을 때의 성격과 전혀 상반되는 경우도 있다. 깨어 있을 때의 성격이 위장된 것이고 꿈속의 성격이 원래의 모습임을 보여줄 수도 있다. 또는 성격이 외골수로 지나치게 치우쳐 경고 음을 울리는 것일 수도 있다.

[서유기(西遊記)]에서 손오공이 꿈에 몽둥이를 휘둘러 요괴를 때려 죽

이는 장면은, 닭이 돌을 품어 병아리를 부화시킬 수 없듯이, 무기력하게 선을 행하여 요괴를 감화시키려는 어리석은 생각을 버리고 악에 대한 위엄을 세워야 함을 알려준 것이다.

일곱째, 꿈을 통하여 체질에 맞는 생존 전략을 찾아야 한다.
생물학자들은 연구에 따르면 동물들 중에서 시간이 지난 뒤에도 결코 변하지 않는 것은 궁극적으로 생존 전략이 다르다는 것이다. 즉 적으로부터 공격을 받았을 때 동물들마다 그 대응책이 모두 다르다.
대응 방법 중 한 가지는 달아나는 것이다. 노루나 양, 토끼 같은 동물은 도망을 친다. 체질적으로 잘 달리도록 몸이 가볍고 날쌔며 담이 약한 특성을 갖고 있기 때문이다. 담이 약한 것도 그들에게는 필요하다. 만약 노루의 담이 크다면 늑대가 다가오는 것을 보고 급히 도망을 친다 해도 노루의 운명은 매우 비참할 것이다.

다른 한 가지 방법은 방어하는 것이다. '자라 목 움 추리듯'이라는 말이 있듯이 자라나 고슴도치 같은 동물들은 적의 공격을 받으면 쇠 같은 껍질이나, 날카로운 가시가 돋아 스스로를 보호한다.
또 한 가지는 맞서 싸우는 것이다. 소나 멧돼지 같은 동물들은 적과 맞서 싸울 수 있도록 뿔이나 날카로운 앞니가 있다. 사람의 경우도 동물과 마찬가지이다. 위험에 직면하면 어떤 사람은 맞서 싸우고 어떤 사람은 몸을 피한다. 이런 색다른 반응은 꿈에서 보다 더 투명하게 드러난다. 꿈에서 적을 대하는 반응은 그대로 그의 성격을 나타내며 아울러 그의 성격적인 특징이나 약점을 드러낸다.
그럼 여기에서 꿈속에서 적을 대응하는 몇 가지 반응을 살펴보자.

꿈속에서 적을 만나면 우선 달아난다.

흔히 강을 건너거나 산을 오른다. 강을 건너가는 것은 새로운 은신처를 찾음을 상징하고 산을 오른다는 것은 '위로 오름'을 나타내는 것으로 자신을 스스로 높이는 것을 의미한다. 이런 사람은 긴장감이나 조급함을 잘 조절하고 노력한다면 사업에 성공을 거둘 수 있다.

꿈속에서 적을 만나면 그대로 땅에 엎드려 죽은 척 위장한다

이런 사람은 일상생활에서도 어떤 문제에 부딪치면 어리석어서 아무것도 모른 체한다. 경쟁을 해야만 하는 일에도 항상 한 발 뒤로 물러서면서 '모난 돌이 정 맞는다'는 믿음을 신봉(信奉) 한다. 이 경우 잠재력은 멈추고 성장과 발전 없이 퇴보할 수 있다. 이런 사람은 꿈에서 크게 깨우침을 받고 하루빨리 생활 방식이나 생존 전략을 바꿔야 한다.

꿈속에서 적을 만나면 어찌할 바를 모르다가 죽임을 당한다.

이런 꿈을 꾸는 사람은 일상생활에서도 수동적으로 여러 사람에게 휘둘리며 항상 억압과 속박 속에서 헤어나지를 못한다.

꿈속에서 적을 만나면 거짓으로는 투항하고, 몰래 공격한다.

생활에서 타인을 대함에 있어서 매우 교활하고 위선으로 가득 차 있다. 겉으로 보기에는 좋게 대하는 듯하지만 마음에는 진실한 감정이 없다. 타인이 어떤 일을 부탁해 오면 거부하는 때가 없으나, 시간을 지연하거나 고의로 실수를 하게 하는 등 은밀한 방법으로 소극적인 반항을 한다. 이런 사람은 시시각각으로 자기의 본 모습을 감춰야 하기에 그 자신의 생활도 그렇게 행복하지가 않다.

꿈속에서 적에 대적하여 싸워 마침내 이긴다.

이런 경우는 매우 드물고 대개는 승부를 가리지 못해 패배하는 경우도 있다. 대적하여 이기는 꿈은 꿈꾸는 사람의 대항적인 생존 전략을 상징하는데 이런 사람은 대개 경쟁심이 강하고 난관을 잘 견디며 대담하게 운명에 맞서는 생활의 강자이다. 그러나 이런 사람은 성격이 급하고, 독단적으로 행동하는 약점이 있다.

꿈속에서 적을 만나면 타인에게 구원을 요청한다.

의존적인 생존 전략을 상징한다. 이런 사람은 일상생활에서도 남에게 의존하려는 성격이 강하다. 그러나 의존할 상대를 잃으면 크게 재난을 당할 수 있으므로 꼭 자신을 지킬 수 있는 자립성을 키워야 한다.

위의 예들은 "꿈에 적을 만나면 어떻게 행동하는가"였는데 모두 바람직한 생존 전략은 아니다. 사실 완전한 생존 전략이란 있을 수 없다. 이는 어떤 동물이든 절대적인 불패의 위치에 있을 수 없는 것과 같다. 막강한 생존 전략일지라도 반드시 부족한 면이 있기 마련이다.

그러나 인간 중에는 다른 사람에 비하여 월등하게 완전한 듯한 사람이 있는 것도 사실이다. 이런 사람은 위에 열거한 전략을 쓰지 않는다. 왜냐하면 이런 사람은 타인에 대해 적의를 갖지 않으며 처세에 능하며 성정(性情)아 명랑하고 욕심이 적어 적을 만나는 꿈은 거의 꾸지 않기 때문이다. 적을 만나는 꿈만이 아니라 대인 관계의 꿈에서도 우리는 많든 적든 한 사람의 생존 전략에 대한 정보를 얻을 수 있다. 꿈을 직시하고 옳게 풀이하여 생존 전략의 이득과 손실을 알 수 있으면, 정신 건강에 매우 유리하다.

여덟째, 꿈에 통해 타인을 파악해야 한다.

대인관계에서 사람들은 자신을 가꾸고 꾸미거나 위장하기에 그 본 모습을 투명하게 볼 수가 없다. 그러나 '원시인'은 평범한 접촉에서도 상대방의 미세한 특징이나 주의를 끌지 못하는 언행마저도 그대로 흘려버리지 않고 받아들여서 본질적인 모습을 판단하게 된다.

우리는 가끔 이런 경험을 한다. 초면이면서도 어쩐지 거부감이 느껴진다거나 딱 꼬집어 말할 수는 없지만 마음에서 받아들여지지 않는 사람이 있다.

이는 '원시인'이 마음에 지시를 내렸기 때문이다. '원시인'은 이미 그 사람의 미세한 움직임에서 그의 본성을 판단한다. 거짓말을 할 때 사람들은 동공이 축소되는데 대인관계에서는 쉽게 흘려버리게 된다. 실제로 누구든 상대방의 동공이 은근히 커지거나 작아지는 미세한 것까지 주의를 기울여 볼 수는 없다. 그러나 '원시인'은 바로 그런 동공의 변화가 가져오는 눈길의 차이를 놓치지 않는다. 현실적으로는 '원시인'의 이런 판단을 일컬어 직감이라고 한다. 그런데 이런 직감은 흔히 확실한 이유를 밝힐 수 없기에 사람들에게 크게 믿음을 주지 못한다. 그러나 이 직감이 맞아떨어지는 경우가 적지 않다.

대인관계에서 믿을 만하다고 판단했던 사람을 꿈속에서의 '원시인'이 좋지 않다고 확인했을 때 '원시인'의 말을 따르는 것이 훨씬 바람직하다. 그에 반하여 대인관계에서 나쁘다고 판단했던 사람을 꿈에서 '원시인'이 좋은 사람이라고 확인했을 때 역시 '원시인'의 충고를 받아들인다 해도 크게 손해 보는 일은 없을 것이다.

제2장
꿈의 갈래

🦋 감몽(感夢)

- 장마비나 가뭄, 폭풍, 엄동설한 등 일기의 변화에서 영감을 받아 꾸는 꿈이다.

🦋 오행五行에 속하는

- 오행 중 목(木)에 속하는 꿈

  오행(五行) – 목, 화, 토, 금, 수 중 '목'의 꿈을 꾸었다면 동쪽, 봄, 식물, 목재, 기구, 복지, 선물, 바람, 소, 양 등을 나타낸다. 따라서 '목'에 속하는 꿈이란 꿈에 나타난 상징물들이 오행에서의 '목'에 속하는 물건들을 말한다.

- 오행 중 화(火)에 속하는 꿈

  오행에 따르면 '화'는 남쪽, 여름, 태양, 연소, 심사, 희노, 수확, 수레 등을 나타낸다. 따라서 '화'에 속하는 꿈이란 꿈에 나타난 상징물이 오행의 '화'에 속하는 물건이다. 흐린 날씨에는 꿈에 물을 보게 되고 화창한 날씨에는 꿈에 불을 보게 된다.

- 오행 중 토(土)에 속하는 꿈

  오행에 따르면 '토'는 중앙, 토지, 군주, 믿음, 단것, 향기, 황색, 인사, 소인, 등을 나타낸다. 따라서 '토'에 속하는 꿈이란 상징물이 오행의 '토'에 속하는 물건을 말한다.

- 오행 중 금(金)에 속한 꿈

  오행(五行) – 목, 화, 토, 금, 수 중 '금'의 꿈을 꾸었다면, 서쪽, 거울, 무기, 전쟁, 금속, 금전 등을 나타낸다. 따라서 금속에 속하는 꿈이란 꿈에서 나타난 상징물들이 오행 중 '금'에 속하는 물건임을 말한다.

- 오행 중 수(水)에 속하는 꿈

오행에 따르면 '수'는 북쪽, 겨울, 하천, 못, 바다, 위험, 미덕, 수생 물 등을 나타낸다. 따라서 '수'에 속하는 꿈이란 꿈에 나타난 상징물들이 오행에서의 '수'에 속하는 물건을 말한다.

기성지몽(氣盛之夢)

- 인체 내의 사기(邪氣-나쁜 기운)가 넘쳐나는 데서 오는 꿈의 형태를 이른다.

기허지몽(氣虛之夢)

- 인체 내의 정기(正氣)가 부족해서 나타나는 꿈의 형태이다.

여요지몽(餘妖之夢)

- 악귀가 나타나는 꿈이다.

반몽(反夢)

- 반극지몽(反極之夢) 또는 극반지몽(極反之夢)이라고도 하는데 꿈의 징조에서 나타난 길흉회복과 현실이 상반되는 꿈을 말한다.

🦋 병몽(病夢)

• 신체의 어느 부분이 좋지 않거나 질병에 걸렸을 때 생기는 꿈을 통틀어 이르는 말이다. 꿈이 병을 예견할 수 있는 것은 결코 이상한 것이 아니다. 왜냐하면 병증(病症)이 뚜렷하게 나타나기 전에 이미 신체 내에서는 병리적인 변화가 일어난다. 그러나 이 변화는 그리 뚜렷하지 않고 낮에는 신체가 가벼운 변화를 감각할 수 없다.

밤이면 극히 민감한 잠재의식이 이 변화를 느끼고 꿈을 통하여 그것이 나타나기 때문이다. 여기에서 강조되는 것은 잠재의식이 인간의 신체를 통제한다는 것이다. '심리(心理)가 질병을 낳는다'는 말이 있지만 이는 바로 잠재의식이 사람의 신체를 통제함을 뜻한다. 범죄자를 확인하려고 무당이 굿을 한바탕 벌인 끝에 물 한종지를 떠놓고 그 속에 주술을 불어넣었으니 죄를 범한 자가 그 물을 마시면 곧 실명하게 된다고 말하였는데, 실제 죄를 범한 자가 그 물을 마시고 두 눈이 실명하게 되더라. 신화 같은 이야기가 있다.

사실 이 이야기에서 물에 어떤 마력이 들어 있는 것은 아니고, 진범이나 아닌 모든 사람이 무당의 말을 믿는데 그 이유가 있다. 진범이 아닌 사람은 자기가 범인이 아니기에 물을 마셔도 두려울 것이 없지만 죄를 범한 사람은 그 물을 마시면 두 눈이 실명할 수도 있다는 공포감 때문에 눈앞의 물건을 볼 수 없었던 것이다.

🦋 사우지몽(邪寓之夢)

- 사기(邪氣-나쁜 기운)가 오장육부, 생식기, 목대, 정강이, 허벅지와 어깨, 그리고 방광과 직장 등을 범함으로써 나타나는 열다섯 가지 꿈을 말한다.

사기가 심장을 범하면 꿈에서 산불을 보고 사기가 폐장을 범하면 훨훨 날아다니는 꿈을 꾸거나 꿈에서 쇠붙이로 만든 이상한 물건을 보게 된다.

사기가 간장을 범하면 꿈에 산림 수목을 보게 되고 사기가 비장을 범하면 꿈에 구릉이나 늪, 바람에 무너진 집을 보게 된다.

사기가 신장을 범하면 자신이 깊은 연못가에 서 있거나 물에 잠겨 있는 꿈을 꾸게 되고 사기가 방광을 범하면 떠돌아다니는 꿈을 꾼다.

사기가 위를 범하면 음식물을 보게 되고 대장을 범하면 넓은 들을 보게 된다. 사기가 소장을 범하면 붐비는 거리를 보고 담을 범하면 싸우거나 소송을 하거나 할복하여 죽는 꿈을 꾸게 된다.

사기가 생식기를 범하면 성교하는 꿈을 꾸게 되고 목덜미를 범하면 목을 잘리는 꿈을 꾸게 된다.

사기가 종아리를 범하면 아무리 애를 써도 앞으로 나아갈 수 없거나 움 또는 뜨락에서 맴도는 꿈을 꾸게 되고, 사기가 허벅지나 어깨를 범하면 엎드려 절하는 꿈을 꾸게 되며, 사기가 방광이나 직장을 범하면 자신의 대소변을 보게 된다.

🦋 악몽(惡夢)

- 악몽은 일종의 가위눌림이 라고도 하는데 외적인 생리자극과 내적인 심리의 상처 또는 만성 질병으로 초래되는, 두려움에 깜짝 놀라는 꿈이다.

  악몽은 어떤 자극, 상처, 질병 등에 의해 초래된다. 우연한 악몽은 병세(病勢)의 반영이라고 볼 수 없지만 반복적으로 나타날 때는 질병의 예고라고 보고, 초기에 병을 발견하고 미연에 방지할 수 있으면 좋다.

  음기가 왕성하면 홍수나 큰 물을 건너는 꿈에 당황해 하며, 양기가 왕성하면 큰 불이 나는 꿈을 꾸게 된다. 음과 양이 모두 왕성하면 서로 잔인하게 죽이는 꿈을 꾸며 신체의 상위가 왕성하면 하늘로 날아오르는 꿈을 꾸고, 하위가 왕성하면 아래로 떨어지는 꿈을 꾼다.

  지나치게 과식하면 구걸하는 꿈을 꿀 수 있고, 간肝기가 성하면 자신이 화내는 꿈을 꾼다. 폐肺기가 성하면 꿈에 대성통곡하고 뱃속에 요충이 많으면 많은 사람이 모인 장면을 보게 되며, 뱃속에 회충이 많으면 남과 싸우다가 상하는 꿈을 꾸게 된다.

🦋 간장병몽(肝臟病)

- 간, 위장이 나쁜 사람은 푸른 옷에 푸른 칼을 든 사람이나 사자, 범, 늑대와 같은 맹수가 나타나 사람을 놀래 키는 꿈을 꾼다.

🦋 비장병몽(脾臟病夢)

• 어린이처럼 남을 때리고 또는 회오리바람에 말려드는 꿈을 꾸게 된다.

🦋 심장병몽(心臟病夢)

• 심장병 환자는 붉은 옷에 붉은 칼과 횃불을 든 사람이 달려드는 꿈을 자주 꾼다. 이때는 숨을 내쉬는 것과 입으로 부는 치료 방법을 쓰면 된다.

🦋 폐장지몽(肺臟之夢)

• 폐장병이 있는 사람은 흔히 미녀나 미남을 만나서 끌어안는다

🦋 비상지몽(比象之夢)

• 비교되는 모양이 그대로 나타나는 꿈을 말한다. 꿈에 관을 보면 관리가 되고, 대소변을 보면 돈을 얻으며, 흰옷을 보게 되면 상복을 입게 되고, 가시밭이나 진창길을 보면 일이 뜻대로 되지 않았다고 했다.

🦋 사몽(思夢)

• 낮에 생각한 것들을 밤에 다시 떠올리는 데서 나타나는 꿈이다. 사몽을 생각하는 것에서 생기는 꿈과 추억하는 것에서 생기는 꿈, 꿈속에서 생각하는 것을 포함한다. 아무튼 사몽의 발생은 낮에 생각한 것에서 나타난다.

🦋 상몽(象夢)

- 꿈의 내용을 직접적으로 나타내는 것이 아니라, 상징물을 통하여 보여주는 꿈이다.

🦋 상몽(想夢)

- 낮에 생각했던 내용을 실현시키는 꿈이다.

🦋 성몽(性夢)

- 남녀 이성에 관련한 꿈을 말한다. 이는 모든 성과 관련한 것, 성의 상징물을 보는 것까지 포함한다.

🦋 시몽(時夢)

- 계절에 따라 그에 상응하게 서로 다른 형태로 나타나는 꿈을 말한다. 시몽은 흔히 꿈의 배경이 되어 다른 꿈과 혼합적으로 진행되는 것을 말한다.

🦋 예언몽(豫言夢)

- 현실에서 일어날 수 있는 일을 미리 보여주는 꿈이다.
  예언몽이 일반적인 꿈과 다른 점은 꿈 속에 나타나는 것이 상징적인 것이 아니라 실제모습으로 나타난다는 것이다.
  다시 말하면 예언몽은 꿈속과 실제로 발생하는 일은 대체로 비슷하며 아주 미세한 부분만이 차이가 있을 따름이다. 그런데 이런 세부적인 차이는 역시 꿈꾸는 사람의 잠재의식에 지배되는 동기 때문일 수 있다.

한 여자가 자기와 어머니가 침대가에서 서서 친구의 죽음을 슬퍼하는 꿈을 꾸었는데 후에 실제 상황에서는 자기와 친구가 침대가에 서서 어머니의 죽음을 슬퍼하였다는 것이다.

이는 꿈꾸는 사람이 어머니가 아니라 다른 사람이 죽기를 바라는 동기를 나타낸 것이다.

예언몽을 믿는 사람, 심신이 건강한 사람, 자기 자신이나 타인에게 솔직한 사람이 이런 꿈을 많이 꾼다.

🦋 심리감응몽(心理感應夢)

• 예언몽 과 비슷한 꿈이다.

심리감응몽과 예언몽의 유일한 구별법은 시간이다. 만약 꿈과 사건이 동시에 발생한다면 이는 심리감응 몽이고 꿈을 꾼 직후 사건이 발생하면 예언몽이다. 심리감응은 흔히 서로가 관심을 갖고 있거나 익숙한 사이, 특히 혈연관계에 있는 사람들 사이에서 잘 일어난다. 예언몽과 마찬가지로 심리감응몽도 죽음이나 위험같은 사건이 대부분이다.

🦋 오몽(午夢)

• 정신이 깨어 있을 때와 같은 상태에서 꾸는 꿈이다. 오몽을 백일몽, 주몽(낮 꿈), 청명몽이라고도 한다. 오몽은 꿈속이면서도 자기는 분명히 꿈이 아니라고 여기는 꿈이다. 잠재의식을 '원시인'이 재배하고 의식을 '현재인'이 지배한다면 '원시인'과 '현재인'은 서로 돌아가며 다스리는 것이다.

해와 달처럼 낮에는 '현재인'이 다스려 모든 사유와 사회적인 행위를 지배하고 밤이면 '원시인'이 집정하여 인간의 본성적인 세계를 지배한다.

꿈은 원래 '원시인'의 독백이다. 그런데 때로는 '현재인'과 '원시인', 의식과 잠재의식이 동시에 하나의 세계를 지배하게 되는데 이때는 그 자신이 몽자이면서도 역시 꿈의 시청자이다. 이는 잠 속에서 '현재인'이 아직 물러가지 않고 깨어 있는 상태이다.

🦋 인몽(人夢)

• 똑같은 꿈이 사람의 귀천, 직위, 나이, 성별에 따라 의미가 달라짐을 뜻한다. 똑같은 꿈이라도 귀인이 꾸었다면 상서로우나, 천한 사람이 꾸었다면 재앙이 될 수 있고 군자에게는 영광스러운 것이나 소인에게는 수치스러운 것일 수도 있다.

🦋 정몽(正夢)

• 건강한 심리상태에서 아무런 충격도 받지 않고 평온함 속에서 조용히 찾아오는 꿈이다.

🦋 정몽(精夢)

• 지나칠 정도를 생각하거나 그리워하는 데서 생기는 꿈이다.

🦋 정일지몽(情溢之夢)

• 심리 감정 요소에 의해 생겨나는데 이른바 칠정(七情)이 지나치면 생긴다. 이를테면 너무 기쁠 때면 흔히 일자리를 잃는 꿈을 꾸게 되고 몹시 화가 났을 때는 폐병을 앓는 꿈을 꾸게 된다. 공포

가 심하면 자꾸 숨는 꿈을 꾸게 되고 너무 근심 걱정이 쌓이면 몹시 화내는 꿈을 꾸게 된다. 또 몹시 슬픔에 잠겼을 때는 흔히 구조하는 꿈을 꾸게 되고, 너무 분노하면 꾸짖는 꿈을 꾸게 되며, 몹시 놀랐을 때는 미쳐버리는 꿈을 꾸게 된다.

🦋 중복몽(重複夢)

• 앞에서 꾼 꿈의 정절(情節)이 뒤의 꿈에 반복적으로 재현되거나 같은 사람, 같은 장소 또는 비슷한 주제가 거듭 나타나는 꿈을 통틀어 말한다.
  중복의 변화는 꿈꾸는 사람의 심리 변화를 말해준다. 또는 갈수록 곤경에 깊이 빠짐을 나타낼 수도 있고 혹은 한 걸음 한 걸음 해탈됨을 나타낼 수도 있다.

🦋 중요한 꿈

• 확실하게 정의를 내리기 어렵지만 흔히 마음에 두고 잊혀지지 않는 꿈. 반복하는 꿈(중복몽-重複夢)서로 이어지는 꿈이다. 이런 꿈들은 한 사람의 운명적인 사건이나 치열한 심리적 갈등, 또는 중요한 선택과 밀접하게 관계된다.

🦋 지식몽(知識夢)

• '원시인'을 통하여 깨달음이 있거나 풀지 못하던 어떤 물음에 답을 얻게 되는 꿈이다. '원시인'은 역시 '현재인'과 하나의 두뇌를 사용하고 있지만 '현재인'이 모르는 많은 지식을 장악하고 있으며 그것을 꿈 속을 통하여 '현재인'들에게 가르쳐 준다.

재봉 바늘을 발명한 사람도 그 꿈에서 힌트를 얻은 것이라 한다. 그녀 꿈속에서 한 무리의 야만인들이 24시간 내에 재봉틀을 발명해 내지 못하면 찔러 죽인다고 작살을 치켜들어 위협하였다고 한다. 그 순간 작살의 끝에 작은 구멍이 있는 것을 발견하였다. 깜짝 놀라서 깬 그는 꿈에서 본 것을 모방하여 바늘귀 앞 끝에 내보았더니 재봉틀 설계에서부터 부딪쳤던 문제가 마침내 풀렸다는 것이다.

그러나 이런 지식몽을 꾸는 경우는 그리 많지 않다. 그것은 평상시의 생활 자세나 창조적 의욕과 크게 관련이 있기 때문이다. 오직 꾸준히 노력하는 사람에게만 이 지식몽을 꿀 수 있는 기회가 오는 것이다.

🦋 직몽(直夢)

• 직응몽(直應夢)이라고도 하는데 꿈에서 본 것이나, 꿈속 정경이 현실에도 있거나 생기게 되는 꿈이다.

🦋 직엽지몽(直葉之夢)

• 직응지몽(直應之夢), 직응몽(直應夢), 직몽(直夢)이라고도 하는데 꿈에서 본 것 그래도 현실에 나타나는 꿈을 가리킨다.

🦋 체체지몽(體滯之夢)

• 몸이 수면 상태에서 어떤 외계 물질의 자극이나 억제를 받을 때 그 자극이나 억제와 관련된 꿈을 꾼다. 입에 어떤 물건을 물고 있을 때, 꿈을 꾸면 아무리 소리치려고 해도 소리가 나지 않으며,

발이 무엇에 눌리거나 동여매져 있으면 꿈에 아무리 걸으려 해도 걸을 수가 없다. 또 머리가 베개에서 떨어지면 높은 데서 굴러 떨어지는 꿈을 꾸게 된다. 잠잘 때 노끈에 묶여 있으면 뱀이 몸에 칭칭 감기는 꿈을 꾸게 된다. 잠잘 때 색깔 있는 옷을 입으면 꿈에 호랑이를 보게 되고, 머리카락이 나뭇가지에 걸리면 몸이 거꾸로 서는 꿈을 꾸게 된다.

희몽(喜夢)

• 즐거워하거나 기꺼워하는 데서 생기는 꿈을 말하며 또 꿈속에서 희열을 느끼는 꿈을 가리키기도 한다.

꿈과 관련한 중국 고전

🦋 남가일몽(南柯一夢:일장춘몽)

- 당나라 사람 이공좌(李公佐)의 [남가태수전(南柯太守傳)]에 의하면 광릉 사람 '순어분'이 술을 마신 다음 꿈을 꾸었는데 '태회안' 나라에 이르러 국왕의 사위가 되었고 후에는 남가 태수로 책봉 받았다. 그는 남가를 이십여 년 지키면서 혁혁한 공적을 올렸으며 모든 면에서 천하무적이었다. 그런데 공주가 죽자 순어분은 신하들의 탄핵과 국왕의 의심까지 사게 되고 마침내 자기 집에 연금 되었다가 의명에 의해 다른 나라로 쫓겨나고 만다.

  바로 이때 꿈에서 깨어난 순어분은 부마가 되어 남가 태수로 책봉되는 등 조정에서 겪은 일들이 모두 꿈속에서 겪은 일이라는 것을 알게 되었다.

  사실 그가 술에 고주망태가 되어 잠들 때는 해가 서쪽 담 너머로 기울어지기 전이었는데 꿈속에서는 마치 한평생을 보낸 듯했다. 그런데 이른바 '태회안'이라는 나라 실제로 그의 집 남쪽에 자리

잡은 큰 회나무 밑의 개미굴이었던 것이다.

이 이야기는 훗날에 '남가일몽(일장춘몽)'이라는 말로 함축되어 인생의 흥망성쇠와 부귀영화는 그렇게 허황되고 하나의 꿈에 지나지 않음을 비유했다.

한단지몽(邯鄲之夢)

- 당나라 사람 '심기제(沈旣濟)'가 쓴 전기 [침중기(枕中記)]에 궁지에 빠진 '노생'이 떠돌아다니다가 '여옹'을 만났다. 여옹은 노생의 공명심이 지나친 것을 보고 그에게 도자기로 만들어진 베개 하나를 주면서 '이 베개를 베고 눕기만 하면 나는 네가 뜻을 이루어 부귀영화를 누리게 할 수 있다'고 말했다.

노생은 여옹의 말 대로 그 도자기 베개를 베고 눕자, 고향으로 돌아가 있었다. 오래지 않아 그는 부잣집 딸에게 장가를 가고 이듬해에는 진사에 급제하여 요직을 맡아보게 되었다. 그 사이 두 번의 좌절을 당하고 하마터면 목숨을 잃을 뻔하기도 했지만 마침내 벼슬길에 올라 문전옥답을 많이 장만하고 미녀와 명마(名馬)를 많이 가지게 되었다.

노생은 날마다 주색잡기에 빠져 헤어날 줄 모르더니 점차 노쇠해짐을 느끼게 되었다. 마침내 임종이 다가오자 노생은 불현듯 놀라 깨어났다. 두 눈을 비비고 주위를 둘러보던 그는 자신이 여전히 자그마한 여관 침대에 누워 있음을 발견하였다.

노생은 벌떡 일어나 말했다. "모든 것이 꿈이었구나." 오십여 년의 부귀영화는 하룻밤의 단꿈에 지나지 않았던 것이다. 노생은 잠들 때 여관 주인은 죽을 끓이고 있었는데 그가 깨어났을 때에도 죽은 채 익지 않고 있었다. 노생은 여기서 인생의 부귀와 공명은 모두 눈 깜짝할 사이에 스쳐 지나가는 연기와 같음을 문득 깨닫게 되었다. 하여 '한단지몽(邯鄲之夢)'이라고도 한다.

조상공양 시리즈 ①

새로 구입한 자동차 고사지내는 법

1) 먼저 목욕 제계하고 적당한 날과 시간에 차의 주인은 형편에 맞게 상을 차립니다.

상차림 모형도

	돼지머리	
북어		무명실 한 타래
팥		시루떡
	삼색과일	
	삼색나물	
촛불	향	촛불
	술	

2) 차량 앞에 상을 차린 후, 촛불과 향을 켜고, 고삿상 앞에서 동서남북을 향하여 각각 한 번씩 합장하고 머리를 숙여 천지신명께 인사를 올립니다.

3) 다음, 고삿상 앞에서 고삿상을 보고 절을 3번 올립니다.

4) 다음, 술(막걸리나 청주)을 한 잔 따르고 축원문을 읽습니다.

차량 고사 축원문

유세차 ○년○월○일○시에 ○○(주소 자세히)에 거주하는 ○○○(본인 성명)가 차를 새로 구입하였습니다. 조상대대 친족 연족 일체의 영이시여! 정성껏 마련한 음식과 청주를 지극정성으로 올려오니 감응 하소서! 조상대대 친족 연족 일체의 영이시여! 아무것도 모르는 자손에게 길을 밝혀 주시고, 사고수 막아 주시고, 관재수 막아 주시고, 모든 부정을 차에서 물러나게 하여 주시옵소서. 부족한 정성이 오나 기특하게 생각하셔서 자손 몸주 보살펴 주시옵소서.

5) 다음, 고삿상에 따라 놓았던 술을 퇴주그릇에 버리고 고사에 참여한 사람들이 지위순서나, 나이순서로 술을 한 잔씩 따르고 돼지 입에 돈을 꽂고 절을 3번씩 하고 다시 술잔을 퇴주그릇에 비우고 나서 물러납니다.

6) 참여한 모든 사람이 절하고 물러나면 대주는 퇴주그릇에 있던 술을 네 바퀴에 한 번씩 뿌립니다. 이 때 대주는 입으로 '조상님이 시여, 고사를 잘 받아 주셔서 감사 하나이다.'라고 외친다.

7) 다음, 읽었던 차량 고사 축원문을 손바닥위에 올려 놓고 불을 붙여 태웁니다.

8) 그리고 나머지 음식과 술은 참여한 사람들과 함께 나누어 먹습니다.

제3장
꿈풀이

ㄱ

🦋 가구와 관련된 꿈

- 가구는 가정을 상징을 상징한다.

- 다리가 부러진 의자나 상 위에 지저분한 물건들이 놓여 있는 꿈을 꾸었다면 앞으로 가정에 생기게 될 일을 암시하는데 가족 중 누군가 크게 다치거나, 가정의 화목이 깨어지고 뿔뿔이 흩어져 각자 생활하게 된다.

🦋 가금(家禽-집에서 키우는 날 짐승/거위, 오리, 닭 등) 과 관련한 꿈

- 뜻대로 일이 이루어 진다. 하지만 사랑에 있어서 헐뜯는 사람이나 경쟁자가 있다.

🦋 가게를 차리는 꿈

- 지인과 함께 가게를 차리는 꿈은 마음을 함께 하는 사람을 만나 결혼을 하고, 열심히 일해서 마침내 자립하게 된다.

🦋 가난과 관련된 꿈

- 큰 돈을 얻게 되며, 기쁜 일도 생긴다.

- 임산부가 이런 꿈을 꾸었다면 사내아이를 얻는다. 그 아들이 성장하여 큰 인물이 되어 가난에서 벗어나고 잘 살게 됨을 상징한다.

🦋 가려움과 관련된 꿈

• 사업이나 사랑에 어려움이나 혼란이 있다.

• 성격이 사납고 마음이 좁은 사람과 만나 어려움을 겪을 수 있다.

🦋 가르침과 관련된 꿈

• 누군가에게 가르침을 받는 꿈을 꾸었다면 어떤 어려움에 부딪힐 수 있으나, 총명하고 성실한 친구의 도움을 받게 된다.

• 자신이 누군가를 가르치는 꿈을 꾸었다면, 친구나 안면이 있는 사람들 사이에서 존중을 받으며 크게 이름을 알리게 된다.

🦋 가면 무도회와 관련된 꿈

• 자신이 가면 무도회에 참가했다면 황당한 일로 즐거움을 얻게 된다.

• 젊은 여자가 이런 꿈을 꾸었다면 속임수에 속게 된다.

🦋 가방, 핸드백과 관련된 꿈

• 사업이나 미룰 수 없는 일을 상징한다.

• 핸드백을 꼭 끌어안고 있는 꿈을 꾸었다면 정조를 지키려는 의지를 나타낸다.

• 명품 핸드백을 보았다면 성(性)에 대한 무한한 동경을 상징한다.

• 귀중한 서류가 들어 있는 가방을 잃어버려서 오랫동안 찾아 헤맸으나 끝내 찾지 못한 꿈은 지금 하고 있는 사업에 크게 실증을 느

끼고 모든 것을 팽개쳐 버리려 하거나, 그것이 큰 걱정거리로 전락해 버린 것이다.

🦋 가슴과 관련한 꿈

- 머리를 다른 사람의 가슴에 기대고 있는 꿈을 꾸었다면 진솔하고 영원한 우정이나 사랑을 말한다. 가슴을 밀쳐내는 꿈을 꾸었다면 심근경색과 같은 심장병을 상징할 수 있다. 또 붉은 옷을 입고 지팡이를 든 사람이 나타나거나 불빛에 놀라는 꿈도, 심장병을 상징한다.

🦋 가시나무에 걸려 옴짝달싹할 수 없는 꿈

- 송사와 관련된 일이 있다면 자기에게 불리하고, 그렇지 않으면 자신이나 가족 중 누군가에게 질병이 생길 불길한 징조이다

🦋 가시덤불이나 장미 꿈

- 들장미나 가시덤불이 보이는 꿈은 잠시 고난을 겪게 되며, 가시에 찔려 박히는 꿈은 한동안 고난을 겪게 되는데 그 가시를 뽑아야 해결이 된다.
- 장미가 무성하게 자란 꿈은 소망을 실현한다.
- 여자가 꿈에 누군가로부터 장미를 받았다면 애인이 영원히 변치 않을 것이다. 만약 겨울에 핀 장미였다면, 아름다운 소망이 물거품이 되어 버린다.
- 애인이 장미를 머리에 꽂아주는 꿈은 사기를 조심하라는 뜻이다.

🦋 가위를 보는 꿈

- 무엇인가로부터 벗어나려는 것을 뜻하거나, 누군가에게 적의를 품고 있음을 뜻한다.

- 가위를 들고 낯선 여자를 뒤쫓는 꿈은 자신의 여인이 다른 사람과 사귀고 있지 않을까 의심하거나 불안해하는 것을 뜻한다.

- 가위를 애인에게 던지는 꿈은 헤어지고 싶은 속마음을 알리고자 하는 것이다.

🦋 가을 계절 꿈

- 여자가 꿈속에서 가을을 풍경을 보았다면 지인으로부터 재물을 얻게 될 것이다.

- 가을에 결혼하는 꿈은 그 결혼이 원만하고 편안하며 행복함을 뜻한다.

🦋 가정의 이모저모가 나타나는 꿈

- 화목하고 단란한 가정을 꿈속에서 보았다면 재산이 넉넉하고 건강과 안녕이 함께한다. 그러나 서로 싫어하고 싸우는 가정을 보는 꿈은 질병, 재산, 손실과 생활환경이 열악함을 상징한다.

🦋 가죽 장화가 보이는 꿈

- 자신의 가죽 장화를 다른 사람이 신은 꿈은, 자신이 일 구어 놓은 사업을 가까운 사람에게 빼앗긴다.

- 낡고 해진 가죽 장화가 보는 꿈은 질병과 유혹이 나를 기다리고 있다.

🦋 간음과 관련한 꿈
- 가까운 지인이 나를 유혹하여 간음하도록 하지만 거절하는 꿈은, 모든 것이 원래 자리로 돌아가고 계획했던 일이 반드시 이루어진다.
- 스스로 간음하는 꿈은 혼란스러운 일이 생기고, 일이 하나씩 엉망이 된다.

🦋 간호사가 나타나는 꿈
- 모성애와 같은 순결하고 부드럽고 진실한 사랑과 배려를 갈망하는 것이다.
- 더러워진 백의(白衣-흰옷)를 보았다면 성욕에 대한 죄의식이나, 실연의 괴로움을 뜻한다.
- 간호사가 자신에게 다가오는 꿈을 꾸었다면 병이 침범할 징조일 수 있다.

🦋 감금(監禁-강제로 가두어 나고 들지 못하게 함)과 관련한 꿈
- 누군가를 감금하는 꿈을 꾸었다면 누군가를 징벌하려는 마음을 상징하거나, 자신으로부터 도피하지 못하도록 대책을 강구하려 함을 상징한다.
- 반대로 자신이 감금되는 꿈을 꾸었다면, 스스로 죄의식에 사로잡히거나, 자유를 속박 받아 타인의 보호를 요청하는 것이다.

🦋 감기에 걸리는 꿈
- 사소한 일로 속을 끓이며 허송 세월하게 된다.

🦋 감람(橄欖-성경에서 올리브를 말 함)과 관련한 꿈
- 감람을 따는 꿈은 평화, 즐거움, 가정의 행복 등을 상징한다.
- 감람을 먹는 꿈은 승진을 상징하거나, 영향력 있는 사람의 칭찬과 보호를 받게 된다.
- 연애 중인 사람이 이런 꿈을 꾸었다면 연인이 변치 않고 행복한 결혼생활을 하며 평생 가정이 풍요롭다.

🦋 감옥이 보이는 꿈
- 자신의 잘못된 행동이나 생각에 죄의식을 느끼고 스스로 경멸한다.
- 자신이 감옥에 갇히는 꿈은 모든 것, 특히 결혼에 자유와 즐거움이 있음을 상징한다.
- 감옥을 뛰쳐나오는 꿈은 곤경에서 벗어나고 건강이 회복됨을 상징한다.

🦋 감점 관련한 꿈
- 슬픈 상처(애상哀傷-슬픈 상처), 감정을 느끼는 것은 길몽이다.
- 사랑, 결혼, 행복, 번성, 수확 등을 나타낸다.

- 꿈에 슬퍼 탄식(애탄哀歎-슬퍼서 탄식) 하는 감정을 느끼거나, 사업 실패나 누군가의 죽음을 슬퍼하는 꿈은 재산을 얻게 되거나 자신의 덕행으로 기쁜 일이 생긴다.

- 다른 사람이 슬퍼하는 꿈은 친구나 가까운 사람이 좋은 운을 만난다. 또는 결혼을 예견하는 꿈일 수 있다.

갓난아이가 우는 꿈

- 꿈에 자지러지게 울어 대는 갓난아이를 보았다면 자신의 건강 상태가 나빠지거나 불길한 일이 생길 징조이다. 만약 몹시 열이 나는 갓난아이를 보았다면 마음에 상처를 받거나 비통한 일이 생길 징조이다.

강과 관련된 꿈

- 강을 보는 꿈은 강은 물로 이루어진 만큼 자양(滋養-몸의 영양을 좋게 함) 또는 여성, 물이 상징하는 기타의 사물을 상징한다.

- 꿈에 아름다운 자연을 배경으로 유유히 흐르는 강을 보았다면 현재의 생활이 풍족하고 자신감이 넘친다.

- 구불구불 휘돌아 흐르는 강을 보았다면 자신이 실수에 변명하려 하거나, 경쟁자의 주장에 반박하는 일이 생긴다.

- 높은 곳에서 강을 굽어보는 꿈은 방관하거나, 추진 중인 일이 실패하게 된다.

- 오염되고 혼탁한 강이나 격류가 보는 꿈은 자신이 결정한 일, 생각에 불안을 느끼고 있는 것이다.

- 중년의 여자가 강가에 홀로 쓸쓸하게 서있는 꿈을 꾸었다면 이는 갱년기 증상과 관련된다. 이 밖에 강은 땅을 두 쪽으로 가르므로 어떤 장애나 분계(分界)를 상징하기도 한다.
- 강은 사람을 익사 시킬 수도 있고, 둘로 나눌 수도 있어 대체로 어려운 상황을 돌파하는 용기를 요구한다.
- 노인이나, 과체중인 사람이 강이 막히는 꿈을 꾸었다면, 동맥경화, 관심병(冠心病), 뇌혈전과 같은 혈관경화로 기인되는 질병을 앓게 될 수도 있다.
- 강물이 말라버리는 꿈은 여자 경우 부인병 증상이 이미 나타났음을 상징한다.

🦋 강도를 만나는 꿈
- 강도에게 살해되어 피투성이가 된 시체가 보이는 꿈은 어떤 불상사나, 질병에 걸려 병원에 입원하게 된다.
- 자신과 친한 사람이 강도에게 당하는 꿈은, 다툼을 상징하므로 현실에서 낯선 사람과 접촉할 때 조심해야 한다.

🦋 개 꿈
- 주인에게 충성하고 적에게 사나운 개는 도덕, 자아, 약속, 자각 또는 정신분석학에서 말하는 '초아'를 상징한다. 꿈에 나타난 개는 흔히 마음속의 행위 규범이나 도덕의 수호자를 상징한다.

- 현실에서의 개는 집을 지키고 도둑을 막는다. 그러나 꿈에서의 도둑은 대체로 자신의 마음속에 내재된 욕망이나 생각을 뜻한다. 그런 것들을 발견하면 개는 무섭게 달려와 물고 늘어진다. 결국 개는 양심인 것이다.

- 집을 지키는 개를 보았다면 가족 구성원이나 개인의 재산을 상징한다.

- 애완견을 보았다면 사랑이나 즐거움을 상징하고, 사냥개를 보았다면 모험이나 진취성을 상징한다. 개와 친구처럼 지내는 꿈을 꾸었다면 성실하고 믿음직한 친구를 만나게 된다.

- 개에게 물리는 꿈은 가장 친한 친구가 가장 치열한 경쟁자가 된다.

- 개가 자신을 보고 짖기만 하는 꿈은 친구나 사랑하는 사람과 다투게 된다.

- 털이 검은 개를 보았다면 병이 생기거나 배신당한다.

- 야위고 더러운 개를 보았다면 하체 쪽에 질병이 생기거나, 의외에 사고를 당하게 될 징조이다. 또한 자녀 중의 누군가가 병을 앓을 징조일 수도 있다.

- 미친개를 보는 꿈은 진행하는 일이 뜻대로 되지 않아, 실망한 끝에 병이 몸에 침범한다.

- 미친개에게 물리는 꿈은 가까이 지내는 지인의 돌발행동으로 자신에게 피해를 끼칠 수 있다.

🦋 개구리를 보는 꿈

- 계획하는 일이 성공하여 큰 돈을 번다.

🦋 개미로 변신하는 꿈

- 자신이 개미로 변신하는 꿈은 혼란스러운 일에 자주 부딪히고 작은 일로 근심을 시작해서 모든 일이 뜻대로 되지 않음을 상징한다.

🦋 개울이 바싹 마르고 물고기가 죽는 꿈

- 코에 이물질이 들어갔거나 감기, 후두염 때문에 이런 꿈을 꾸게 된다.

- 개울물이 마른 후 갑자기 물이 흐르거나 상류에 큰 돌이 박혀 물이 흐르지 못하는 꿈을 꾸었다면 코 출혈이나 비염 등의 질병이 나타남을 뜻한다.

🦋 거머리가 나타나는 꿈

- 자신의 이권을 빼앗기 위해 경쟁자가 계략을 꾸미고 있음을 상징한다.

- 거머리를 잡아 약으로 쓰려는 꿈을 꾸었다면, 가족이 병에 걸릴 징조일 수 있다.

🦋 거미가 나타나는 꿈

- 꿈에 나타난 거미는 속박을 상징하며 때로는 성(性)을 상징하기도 한다.
- 항상 거미가 나타나는 꿈을 꾼다면 피부병에 걸릴 징조이다.

🦋 거북이와 관련한 꿈

- 기적적으로 곤경에서 벗어나고 상황이 점점 좋아진다.

🦋 거세(去勢-생식 기능을 제거함)하는 꿈

- 결혼, 가정을 지키는 일, 아버지라는 역할의 막중한 책임을 걱정하여, 여자가 되어 현실을 도피하려는 마음에서 나타낸다.

🦋 거울과 관련 꿈

- 꿈에 나타난 거울은 마음과 미래의 상징이다.
- 계속 거울을 들여다보는 행동은 몰래 세운 계획이 탄로 날까 두려워, 혼란하고 불안한 마음 때문에 본래의 자신의 모습으로 돌아가고 싶은 마음을 상징한다.
- 거울에 낯선 얼굴들이 나타나는 꿈은 집 주소 또는 사업상 거래처가 바뀌게 된다.
- 거울에 비친 친구의 얼굴을 보는 꿈은 모임이나 결혼식에 참석하게 된다.
- 거울에 비춰진 자신의 모습이 공포에 질려 일그러지고 흉물스러운 꿈은 불길한 징조이므로 병이 생기거나 정신적 충격을 받게 된다.

- 꿈에 거울을 깼다면, 불쾌한 일이 발생하거나 의외의 사고로 사망할 수도 있다. 깨진 거울 속에서 부인, 애인이 아닌 다른 여자를 보았다면 자신의 어리석음 때문에 건강과 사업에 손해를 입게 될 징조이다.
- 자신을 거울에 비추어 보았다면 사업이 실속 없고, 주변에 사기꾼이 많음을 상징한다. 또한 친구나 애인과 사이가 벌어져 크게 다투거나 대립하게 된다.
- 거울에 모르는 얼굴이 나타났다면 친구에게 배신을 당하거나 실망하게 된다.
- 거울을 보고 화장하는 꿈은 이성을 사귀려 하거나, 생각지도 않던 사람에게 관심을 받게 된다.
- 꿈에 나타난 거울이 매우 크고 화려했다면 자존감(自尊感), 자신감을 상징하거나 자기의 용모에 매우 만족함을 상징한다.
- 반대로 작은 거울을 보았다면 체격이나 용모에 불만이 있는 것이다.
- 깨어진 거울로 남을 비추어 보는 꿈은 헤어짐을 상징한다.
- 법정(法廷)에서 거울을 비추어 보는 꿈은 송사가 있거나, 죄를 추궁 당한다.
- 거울을 줍는 꿈은 좋은 부인을 맞게 된다.
- 다른 사람의 거울을 가지는 꿈은 귀한 자식을 낳게 된다.
- 자신의 거울을 다른 사람이 가지는 꿈은 부인에게 불길한 일이 생긴다.
- 거울이 깨어지는 꿈은 부부가 멀어지게 된다.

🦋 거위가 등장하는 꿈

- 사귀는 여자 또는 부인이 지혜롭지 못하고 무능하며 말이 거칠고 이웃과 화목하게 지내지 못하며 남편이나 시댁 사람들과 항상 다툴 것이다.

🦋 거인(巨人)과 부딪히는 꿈

- 거인과 맞부딪히는 꿈은 경쟁 관계에 있는 사람과 크게 다투게 된다.

- 거인에게 길을 막혀 지나갈 수 없게 되면, 경쟁 관계에 있는 사람과의 싸움에서 크게 패하게 된다. 만약 거인이 도망하는 꿈은 사업이 크게 성공하고 몸도 건강하게 된다.

🦋 거절당하는 꿈

- 좋아하는 사람에게 거절당하는 꿈을 꾸었다면, 현실에서는 그 사람의 관심을 받게 된다. 그리고 도저히 이루어질 수 없다고 생각하던 일이 오히려 매우 순조롭게 이루어진다. 만약 꿈에 나타난 상대방이 매우 훌륭한 사람이라면, 현실에서 따뜻한 배려를 받게 된다.

🦋 주변이 축축하고 비바람이 몰아치는 꿈

- 사기(邪氣-나쁜 기운)가 침범하여, 전염병이 나타날 징조일 수도 있다.

🦋 걷는 꿈

- 게으름을 피우며 여유롭게 걷는 꿈은 여러 가지 혼란스러운 일이 생기게 된다.

🦋 걸인이 되는 꿈

- 실생활에서 걸인은 실패, 타락, 더러움, 무책임 등을 나타낸다.

- 자신이 걸인이 된 꿈은 실패에 대한 압박감으로 인해 자기 비하와 아주 작은 일에도 쉽게 무너질까 두려워하는 것이다.

- 다른 사람이 걸인이 되는 꿈은 누군가를 얕잡아 보는 것이다.

- 여자가 걸인 되는 꿈은 남자에 대한 멸시를 상징한다.

🦋 검(劍-전쟁에서 사용하는 칼)과 관련한 꿈

- 보검을 얻는 꿈은 행운이 있을 것이다.

- 검을 얻는 꿈은 싸움에서 이길 수 있다.

🦋 검은 상사(喪事-죽음)완장을 본 꿈

- 대문 위에 검은 상사 완장이 걸려 있는 꿈은 생각지도 못했던 친척이나 친구의 사망 소식을 듣게 된다. 누군가의 팔에 검은 상사 완장을 두른 것을 보았다면 슬픔이나 질병이 당신을 괴롭힐 것이다.

🦋 겉 겨(곡식의 겉에서 벗겨진 굵은 겨)를 보는 꿈

- 거칠거칠한 겉 겨를 보는 꿈은 현재 자신이 하는 일에 소득이 없고 질병에 시달릴 징조이다.

🦋 게임과 관련한 꿈

- 어떤 게임에서 이겼다면 실제 생활에서는 성공하지 못함을 상징한다. 만약 게임에서 졌다면 오히려 운이 트일 것이다.

🦋 겨울이 되는 꿈

- 몸이 허약 해지거나, 원하는 일의 결과가 좋지 않게 나타난다.

🦋 견과(堅果-껍데기 안에 보통 한 개의 씨가 들어 있는 나무 열매)와 관련한 꿈

- 보통 태몽으로 남자아이를 갖게 된다.

- 길몽이므로 유산을 물려받게 되거나 재산이 많은 사람과 결혼하게 된다.

- 친구들 중에서 덕망(德望)이 높아 존경을 받게 될 것이다.

🦋 결혼과 관련한 꿈

- 자신이 결혼하는 꿈은 일생을 독신으로 지내게 될 것이다.

- 사랑하는 사람이 다른 사람과 결혼하는 꿈은 그에게 배신을 당한다.

🦋 경련(痙攣-근육이 갑자기 수축하거나 떨림)이 일어나는 꿈

- 몸에 경련이 일어나는 꿈은 심각한 병을 앓거나, 직장에 문제가 생긴다.

🦋 경쟁(競爭)과 관련한 꿈

- 어떤 사람과 경쟁하는 꿈을 꾸었다면 복수할 기회를 찾고 있는 것이다.

- 만약 그 경쟁에서 이겼다면 원하는 사람의 마음을 사로잡을 수 있다.

🦋 경찰에게 쫓기는 꿈

- 경찰에게 쫓기는 꿈을 꾸었다면 범죄를 저질러 벌을 받을까 봐 두려워하는 것이다. 또는 자신이나 누군가의 충동적인 행동으로 붙어 보호를 받으려는 욕망을 나타낸다. 그리고 다른 사람에게 알릴 수 없는 비밀이나 배신행위에 대한 양심의 가책을 상징하기도 한다.

🦋 계단이나 사다리를 오르내리는 꿈

- 대부분의 사람들이 일생 동안 온갖 고생을 다 하며 위로 올라가려고 피나는 노력을 하지만 불행하게도 아래로만 굴러 떨어진다. 계단이나 사다리를 오르내리는 것은 사람들이 실생활에서 일생 동안 거듭하는 참모습이다. 꿈에 나타나는 오르내리는 산길 역시 계단의 또 다른 모습이다.

- 사다리, 계단과 관련한 꿈은 때로 성을 상징할 수도 있다. 이성과 함께 계단을 올랐다면 혼자서 섹스를 꿈꾸고 상상하는 것이다.

- 혼자 계단을 오르는 꿈은 직위와는 무관하게 성공을 상징하는 꿈일 수 있다.

🦋 고구마를 굽는 꿈

- 비염의 증상이다. 일반적인 염증은 꿈에 고온이나 데는 듯한 것으로 반영된다. 또는 신변의 환경이나 어떤 사물로 반영된다.

- 고구마의 겉모습은 코를 생각하게 하고 또 꿈속에서 다른 사람들은 모두 생고구마를 먹는데 유독 자신만이 고구마를 굽는다면 형태와 온도에서 모두 염증과 관계되는 것이고 코의 염증이란 바로 비염인 것이다.

🦋 그릇, 물건이 깨지는 꿈

- 어린 여자가 이런 꿈을 꾸었다면 통경(通經-처음으로 월경이 시작됨)의 상징일 수 있다.

- 깨어진 물건, 그릇을 보게 되는 꿈은 의식 속에 자기의 성 기관에 이상이 있는 것과 관련된다.

🦋 그물로 고기를 잡는 꿈

- 여러모로 소득과 기쁨이 있을 징조이다.

- 다 낡아 떨어진 그물을 보았다면 타인과 다투고 마음이 상하게 될 것이다.

🦋 고기를 써는 것과 관련한 꿈

- 고기를 썰어 주는 꿈은 어떤 일에 동조하게 되는 것이다. 자기 몫으로 고기를 썰고 있는 꿈은 사업이 잘 된다. 독신인 사람이 이런 꿈을 꾸었다면 결혼에 성공할 것이다.

 고기잡이와 관련한 꿈

- 물고기 잡이를 나갔으나 아무것도 잡지 못한 꿈을 꾸었다면 사업이 불경기에 처하거나 사랑에 실패함을 뜻한다. 만약 고기를 잡았다면 재물을 얻게 된다.

- 바다 밑에서 고기가 헤엄쳐 다니는 것을 보았다면 부귀영화를 누리게 된다.

고깃국을 먹는 꿈

- 흉몽이다. 병에 백약이 무효다. 사업도 힘들다.

고뇌와 관련한 꿈

- 불쾌한 일이 발생할 징조이다. 이사 또는 이직이 예상된다.

- 젊은 독신자가 이런 꿈을 꾸었다면, 결혼은 빨리했지만 만족하지 못하다.

고사리를 보는 꿈

- 직장에서 지위가 오르고 크게 출세한다.

- 고사리 말라버린 꿈은 사랑하는 사람의 병 구완으로 동분서주하게 된다.

고양이와 관련된 꿈

- 고양이는 흔히 사람의 어떤 특성, 형상을 나타내며, 여성을 상징한다.

- 고양이 상의 여성은 게으르면서도 아름답고 사랑스럽다. 어느정도는 이기적이고 시샘이 많고 먹는 것 자체를 즐기고 잠이 많고 부드러운 면도 있으나 역시 그 곰상스럽고 부드러운 모습 때문에 남자들의 사랑을 받는다. 그러나 밤이 되면 낮의 게으름은 간 곳 없고, 눈에서는 빛을 발산하며 움직인다.

- 고양이는 쥐에게 아주 잔인하다. 잡아 놓고도 금방 먹는 것이 아니라 한참 동안 쥐의 절망적인 발악을 지켜본다.

- 고양이는 밤에 발정하면 정욕이 무엇보다도 더 왕성하다.

- 고양이가 상징하는 여자는 겉으로는 게으른 낮 고양이 같으나, 실은 모두 밤고양이 같은 잔인함이 마음속에 도사리고 있다. 자칫 잘못 건드렸다 가는 그 날카로운 발톱에 크게 상처를 입게 된다.

- 고양이의 발톱은 깜찍하고 부드러우면서도 일단 내뻗으면 더없이 날카롭다.

- 고양이의 순종은 개의 순종과 다르다. 개는 인간의 충신이고 충실한 신변 보호자지만 고양이는 간신이다. 개는 주인한테 충성하지만 고양이는 주인한테 아첨할 뿐이다.

- 고양이가 보이는 꿈은 대체로 여자를 갈망하거나 얕잡아 보는 것을 상징한다. 어린 고양이가 쫓아다니며 장난을 치며, 주위를 맴돌고 무는 꿈은 여자의 가슴에 한을 품고 있음을 상징한다.

- 만약 독신의 젊은 여자가 꿈에 고양이를 보았다면, 여자의 남자는 사기꾼이다.

- 젊은 남자가 이런 꿈을 꾸었다면 사랑하는 여자가 무지막지하고 결혼하면 남편을 억누르게 된다.

- 사업을 하는 사람이 고양이를 보았다면, 직원이 불성실하고 정직하지 않다.

- 고양이가 한 무리의 새끼를 거느리고 있는 꿈을 꾸었다면 가족이 많음을 상징한다.

- 고양이를 때려죽이는 꿈을 꾸었다면 경쟁자를 물리친다.

- 야위고 흉물스럽게 생긴 고양이를 보았다면 그 동안 소식이 끊겼던 친구의 나쁜 소식을 접할 징조로 죽음을 의미할 수도 있다. 그러나 못난 고양이를 버렸거나 피했다면, 친구는 얼마 동안 앓다가 다시 건강을 회복할 수 있다.

고요함과 관련한 꿈

- 폭풍우가 지난 후 고요한 풍경을 보았다면, 사이가 좋지 않게 헤어졌던 친구와의 오해를 풀고 화해하여 다시 좋은 친구가 된다.

고인(故人-죽은 사람)을 보는 꿈

- 고인에 대한 애절한 그리움을 상징할 수도 있다.

- 세상을 떠난 사람이나 친구 또는 선생님이 보이는 꿈은 어떤 간절한 도움을 요청하는 것이다.

🦋 골목과 관련된 꿈

- 골목은 어떤 불안이나 불결함을 상징한다.
- 만약 골목에서 남자와 키스하는 꿈을 꾸었다면, 자기가 품고 있는 욕망에 죄의식을 가지는 것이다.
- 곧게 뻗은 좁은 길을 걷는 꿈은 사업, 사랑 모두 성공한다.
- 결혼한 사람이 이런 꿈을 꾸었다면 임신한 여자가 순조로운 분만을 한다.
- 구불구불한 골목길을 보는 꿈은 신뢰할 수 없는 친구를 상징한다.

🦋 곰과 관련한 꿈

- 안 좋은 일에 관련되거나, 경쟁자로부터 공격을 받는다.
- 곰과 싸워 마침내 죽였다면 경쟁자를 따돌리게 된다.
- 만약 여행중이라면 어려움이나 위험에 봉착하게 됨을 뜻하지만, 그런대로 여행을 마치고 목적을 달성한다.

🦋 공놀이(배구, 축구, 골프, 등)와 관련한 꿈

- 즐겁게 공놀이 하는 꿈을 꾸었다면 건강이 좋음을 상징한다.
- 여러 사람들과 함께 공놀이를 했다면 타인의 신뢰와 존경을 받는다.
- 규칙 위반으로 누군가와 다투었다면 현실을 도피하려는 심리를 나타낸다.
- 공놀이를 구경하는 꿈을 꾸었다면 마음의 매듭이나, 결정을 하지 못한상태를 말한다. 결사적으로 공을 차거나 던지는 꿈을 꾸었다면 시끄러운 일에서 벗어나 스트레스를 해소하려는 욕망을 상징한다.

 공원을 산책하는 꿈

- 공원을 산책하는 꿈은 건강, 행복, 우정 등을 상징한다. 장사하는 사람이 이런 꿈을 꾸었다면 장사가 잘 될 것이다. 다른 사람과 함께 산책하는 꿈은 곧 결혼하게 되거나 결혼에 가로놓인 좋지 않은 것들이 모두 해소된다. 학자나 학문을 연구하는 사람에게 제일 좋은 길몽이다.

 공작새와 관련한 꿈

- 공작새가 깃을 활짝 펼치는 꿈은 생활이 안정되지 못하고, 겉으로는 친구인 척하면서도 사실은 사기꾼인 사람들 속에 포위되어 있다.

- 공작새가 깃을 펴지 않는 꿈은 남자의 경우 아름다운 아내를 얻고 재물과 명예도 얻음을 뜻한다.

- 여자의 경우 준수한 남자에게 시집가서 편안한 생활을 하나 자식이 없다.

 과수원과 관련한 꿈

- 과수원에서 빛깔이 곱고 맛 좋은 과일을 따는 꿈은, 상속받을 유산이 있다.

- 그 과일이 잘 익은 것이라면 금방 재산을 상속받게 된다.

- 익지 않은 과일이라면 시기상조이나 아무튼 결국에는 얻게 된다.

 과일 씨와 관련한 꿈

- 꿈속에서 싱싱한 과일 씨를 보았다면 형편이 좋아진다.

- 만약 상한과일 씨였다면 친구가 배신을 하게 될 것이다

🦋 과일을 보는 꿈

- 보통 태몽으로 어떤 과일을 보았느냐에 따라 성별이 구분된다.

🦋 관(館)을 본 꿈

- 농부가 관을 보았다면 농작물이 시들어 말라버리고, 가축들이 전염병에 걸릴 징조일 수 있다.

- 만약 젊은 사람이 이런 꿈을 꾸었다면 친구와의 사이가 멀어지거나 사랑하는 사람의 나쁜 소식을 접하게 된다.

- 자신의 관을 보았다면 사업상 치명적인 타격을 받거나, 가정에 슬픔이 있다. 관이 저절로 움직였다면 결혼하였으나 병을 얻어 희비(喜悲)가 엇갈린다.

- 또는 사망 소식을 접하게 될 징조일 수도 있다.

🦋 광기를 부리는 꿈

- 꿈에 자신이 별일 아닌 일에 광기를 부렸다면, 최근에 있을 일들이 좋지 못한 결과를 낳게 된다. 반대로 다른 누군가의 광기를 부리는 것을 보았다면 궁색한 생황에 시달림까지 받아 건강이 좋지 못하게 된다.

🦋 괴물이나 망령을 보는 꿈

- 계획하고 추구한 것이 성공할 가망이 없다

- 꿈에 검은 그림자나, 괴물을 보았다면 마음에 걸리는 일을 떨쳐버리려 속으로 친구의 도움을 요청하는 것이다. 만약 공룡이나 괴

물이 꿈에 나타났다면 자신의 욕망이나 본능을 상징한다. 그 괴물이 거칠게 행동했다면 자신의 욕망이나 본능을 숨기려 하는 것이다. 망령(亡靈-죽은 자의 혼령)을 보았다면 자신에 대한 반성이나, 건강에 이상 신호로 병을 앓게 된다.

🦋 교도관이 나타나는 꿈
- 주체할 수 없는 자신의 어떤 충동을 누군가가 억제 시켜 줄 것을 바라는 것이다. 또 누군가 속박으로부터 벗어나려 하고, 이것 때문에 몹시 걱정하고 있음을 뜻한다.
- 반대로 누군가를 자신으로부터 도망하지 못하게 구속하려는 것을 나타내기도 한다.

🦋 교수대(絞首臺-목을 매어 목숨을 빼 앗는 곳)가 나타나는 꿈
- 하는 일마다 운이 트이고 사업이 잘 되거나 사회적 지위가 높아진다.

🦋 교통수단을 이용하는 꿈
- 꿈에 어떤 교통수단을 이용하든, 금전적 손해를 당하거나 건강을 해칠 징조일 수 있다.

🦋 교회에서 예배를 보는 꿈
- 생활이 편안하고 한가하여, 마음이 평화로우며 아무런 근심 걱정도 없다.
- 교회에 들어갔는데 누군가가 피아노를 치고 있는 꿈을 꾸었다면 신앙에 대한 심적 갈등을 하고 있다.

🦋 구두쇠와 관련한 꿈

- 너무 지나치게 인색하면 참된 사랑을 받지 못한다.

- 여자가 자신을 사랑하는 사람이 구두쇠로 보이는 꿈을 꾸었다면 재물과 함께 멋진 남자를 사귀게 된다.

- 친구가 구두쇠로 나타나는 꿈은 잘 알지 못하는 사람들로부터 치근덕거림에 미칠 지경이다.

🦋 구름과 관련한 꿈

- 갑자기 구름이 해를 가리는 꿈은 어떤 비밀스러운 일이 있음을 상징한다.

- 사방으로 구름이 피어오르는 꿈은 사업이 크게 성공한다.

- 오색구름이 보이는 꿈은 대길하다.

- 붉은 구름, 흰 구름이 보이는 꿈 역시 길하다.

- 검은 구름, 청색 구름이 보이는 꿈은 흉(凶) 하다.

- 둥둥 떠다니는 구름이 보이는 꿈은 일에 있어서 성공하지 못한다.

- 구름이 대지를 덮으면 대길할 것이다.

- 검은 구름이 낮게 드리운 것을 보았다면 불길한 징조이다.

- 구름이 덮여 비가 곧 소나기로 쏟아질 것 같은 꿈을 꾸었다면 곤란한 일과 질병을 상징한다. 그러나 구름이 곧 흩어졌다면 액운이 지나가고 다시 좋아지게 된다.

- 만약 꿈에 구름이나 안개를 타고 둥둥 떠다녔다면 체내의 순환 계통과 소화기 계통에 병이 있음을 상징한다.

- 비구름이 안개와 함께 낮게 깔려 있다면 불확실성을 상징한다. 사랑에 자신이 없고 어려울 때 친구의 도움을 받지 못하거나 투기에 빠져 재산만 탕진한다.

🦋 구슬을 삼키는 꿈
- 구슬을 삼키는 꿈은 어려운 난관을 해결하는 답을 얻게 된다.

🦋 구토를 하는 꿈
- 구토하는 꿈은 병이 몸을 침범하여 앓아 눕게 된다.
- 누군가 구토하는 것을 보았다면 도움을 요청하는 사람을 확인하게 된다.

🦋 국화꽃 밭을 보는 꿈
- 하얀 국화가 피어 있는 화원에 노란 국화가 듬성듬성 핀 것을 보는 꿈은 어떤 손실을 보게 되지만, 그 댓가로 다시 생활이 좋아질 수 있다.
- 하얀 국화밭을 지나며 꽃들을 유심하게 감상하는데, 몸과 마음이 둥둥 뜨는 느낌이 드는 꿈은 신변에 불길한 일이 생길 수 있다.

🦋 군대가 보이는 꿈
- 군대는 강제적인 것이나 압박을 상징한다. 교사, 선배, 부모님으로부터 어떤 일을 강요당하게 된다.

🦋 군인과 관련한 꿈
- 군인이 되는 꿈은 자신이 속한 모임, 단체에 리드로 확신하며, 리드가 될 수 있는 자격을 충분히 갖추고 독립적인 인간이 되기를 희망하는 것이다.

- 지인이 군인이 되는 꿈은 자기보다 우월함을 인정하고 그에 대해 두려움을 느끼고 있는 것이다. 만약 여자가 일반 사병이 되는 꿈을 꾸었다면 무능한 남자와 결혼하여 시달림을 받는다.

- 일반 사병으로 전투하는 꿈은 치열한 싸움에 말려든다.

🦋 군호(軍號-군대에서 사용하는 소리, 몸동작 암호)와 관련한 꿈
- 자신이 군호를 울리는 꿈은 즐거움을 상징하므로 이런 즐거움은 가깝게 지내는 사람과의 사랑과 자비로움에서 비롯된다.
- 군호의 소리가 들리는 꿈은 해외로부터 반가운 좋은 소식을 듣게 된다.
- 만약 결혼한 사람이 이런 꿈을 꾸었다면 아이를 갖게 된다.

🦋 굴러 떨어지는 꿈
- 굴러떨어지는 꿈은 죄를 짓거나 도덕적으로 타락하여 주변 사람의 관심에서 멀어질까 봐 근심하는 것이다. 즉 높은 직위에서 밀려나거나 명성을 더럽힐까 두려워하는 것이다.

- 침대에 걸쳐 자거나 베개를 바로 하지 못했을 때도 이런 꿈을 꾸다가 놀라서 깨어날 수 있다. 이럴 때는 몸의 이상 신호이다.

- 만약 산봉우리나 지붕 위처럼 높은 곳에서 뛰어내리거나 굴러떨어지는 꿈을 자주 꾼다면 힘을 잃거나 재산을 잃게 된다.
- 열애 중인 사람이 이런 꿈을 꾸었다면, 노력이 수포로 돌아가고 헤어질 수 있다.

굴 속에 뛰어드는 꿈
- 여자가 갑자기 깊은 산골짜기나 깊은 굴 속에 뛰어드는 꿈을 꾸었다면 남자한테 굴복 당할까 봐 두려워하거나, 순결을 잃게 된다.

굴뚝(연통)이 보이는 꿈
- 불쾌한 일이 생기거나, 갑작스럽게 병에 걸려 하던 일을 마무리할 수 없게 된다. 허물어진 굴뚝, 연통을 보았다면 가정에 슬픈 일이나, 상복을 입게 된다. 굴뚝, 연통에 넝쿨 풀이 자란 것을 보았다면 가까운 사람한테 불행이나 좌절을 당할 징조이지만 자신에게는 좋은 일이 생긴다.

굶어 죽는 꿈
- 자신이 굶어 죽는 꿈은 성공이 보장되어 있던 일이 실패로 돌아가 치명적인 타격을 받게 된다. 반대로 다른 사람이 굶어 죽는 꿈은, 불행이 자신에게까지 영향을 미치게 되는 것이다.

굶주림과 관련한 꿈
- 액운의 징조이므로, 몸이 허약해지고 가정에 불화가 생길 것이다.

- 열애 중인 사람이 이런 꿈을 꾸었다면 결혼 전에 사랑하는 사람이 먼 길을 떠나거나 결혼에 불행을 겪을 것이다. 하는 일이 안되고 이익도 없다.

🦋 궁전(청와대, 백악관 등)과 관련한 꿈
- 궁전이 보이는 꿈을 꾸었다면 현재의 낮은 지위에서 벗어나 차차 승진한다. 만약 연애중인 사람이 이런 꿈을 꾸었다면 친지와 가족의 사랑을 받으며 행복한 결혼을 하게 된다.

🦋 귀뚜라미가 나타나는 꿈
- 가난에 시달릴 징조이다.
- 귀뚜라미 울음소리가 들리는 꿈은 곧 친구의 사망 소식을 접할 것이다.

🦋 귀신을 보는 꿈
- 꿈에 나타나는 죽은 사람과 귀신은 별개의 개념이다.
- 죽은 사람을 꿈에서 보았다는 것은 두 가지로 나눌 수 있다.
- 하나는 이미 이 세상의 사람이 아닌데 꿈에서는 그가 죽은 줄 모르는 것이고, 다른 하나는 이미 죽은 사람임을 꿈에서도 알고 있는 경우이다.
- 꿈에 귀신을 보았다는 것은 나타난 물체를 그대로 귀신이라고 부르거나 귀신으로 대할 때를 말한다. 꿈에 나타난 귀신은 사악함이나 위험을 상징한다.

- 오른쪽 하늘에 여자 귀신이 나타나고, 왼쪽 하늘에 남자 귀신이 나타나는 꿈을 꾸었는데 이때 남녀 귀신이 모두 밝은 표정이었다면, 세상에 자신의 이름을 널리 알리지만 오래가지 못하고 사망하게 된다.

- 살아있는 친구가 귀신으로 둔갑하여 나타나는 꿈은 가까운 친구가 당신에게 해를 입힐 수 있으므로, 만약 사업을 한다면 직접 모든 일을 챙기는 것이 좋다. 초라한 모습을 한 친구의 꿈은 친구가 죽음을 맞게 될 것이다.

🦋 귀찮게 구는 것과 관련한 꿈

- 누군가 귀찮게 구는 꿈은 지인, 동료의 배신, 음모가 있음을 상징한다.

🦋 귤을 선물하는 꿈

- 본인이나 친한 사람이 병을 앓거나 오해로 인해 가정에 어려움이 생기게 된다. 연애 중인 사람이 이런 꿈을 꾸었다면 애인의 사랑이 식어 마침내 헤어지게 된다. 결혼한 사람이 이런 꿈을 꾸었다면 불행한 결혼 생활을 의미한다. 자영업, 사업하는 사람이 이런 꿈을 꾸었다면 크게 손해를 보게 된다.

🦋 귤, 레몬으로 만든 과일즙을 먹는 꿈

- 시큼한 과일즙을 먹는 꿈은 질병이 생기거나 마음에 상처를 받는 일이 발생한다.

- 많이 쌓여 있는 레몬이 보이는 꿈은 결혼 생활이 한동안은 즐거웠으나 기대한 만큼은 아니어서 만족할 수 없게 된다.

🦋 그릇이 보이는 꿈

- 꿈에 본 그릇은 가구와 마찬가지로 가정의 물건을 상징한다.

- 한 걸음 더 나아가 먹는다는 의미로 보면 그릇은, 생활이 풍족하고 애정이 넘침을 상징한다. 멋진 그릇이나, 산해진미가 풍성하게 담긴 그릇이 보이는 꿈은 풍족한 생활이나 화목한 가정을 상징한다.

- 한쪽 귀가 떨어져 나간 그릇이나 저렴한 음식물이 담겨 있는 그릇이 보이는 꿈은 생활이 몹시 어려움을 상징한다.

- 그릇을 깨트리는 꿈은 꼭 악몽이 아니라, 새로운 생활의 시작을 나타낸다.

🦋 그림과 관련한 꿈

- 허위와 속임수를 상징한다. 그림이 아무리 아름답다 해도, 이런 꿈은 마음을 드러내지 않는 친구가 인신공격을 공격으로 명예를 더럽히게 된다.

- 만약 연애 중인 사람이 이런 꿈을 꾸었다면 연인은 외모가 아무리 아름답거나 영리해도 마음을 속이고, 다른 사람에게 돌아설 것이다.

- 기혼자라면 다른 사람과 바람을 피울 것이다.

- 만약 그림을 그리는 꿈을 꾸었다면 자신의 행동을 숨기려 하거나, 새로운 일을 기획하는 것을 상징한다.

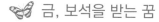 금, 보석을 받는 꿈
- 자신에게 금 목걸이를 걸어주는 꿈은 길몽이므로, 결혼이 원만하게 이루어진다.

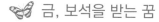 금화를 갖는 꿈
- 가난과 타락을 상징한다. 도박, 경마 등 놀음을 하는 무리에 가담하지 말아야 한다.
- 사귀는 애인이 많은 금을 가지고 있는 꿈은 좋지 않은 징조이다.
- 은화를 보이는 꿈은 화목하던 가정에 불행의 불씨가 생긴다.
- 동전이 보이는 꿈은 질병, 가난을 예고한다.

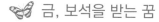 기념비가 보이는 꿈
- 병을 앓거나 어려운 일이 있을 때 친구나 친한 사람이 도와주게 된다.

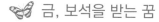 기뻐하는 꿈
- 건강이 좋아졌다 거나, 친척으로부터 유산을 상속받을 수도 있다.

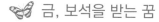 기어오르는 꿈
- 어딘가를 기어오르는 꿈은 대부분 정상에 오르려는 욕망을 나타낸다. 또한 성욕이나 사업이 잘되길 바라는 마음, 직장에서 승진을 바라는 욕심이다.

🦋 기차가 사고 나는 꿈

• 기차가 사고가 났으나, 자신은 상처를 입지 않고 친구가 다쳤다면 자신을 괴롭히는 경쟁자를 만나게 될 것이다.

🦋 기차나 비행기를 놓치는 꿈

• 좋은 기회를 놓쳐 버린다.

• 놓쳤다고 생각하던 기차나 비행기를 다시 잡아타는 꿈은 노력만 하면 얼마든지 목적을 달성할 수 있다는 강한 의지를 나타낸다.

🦋 기침과 관련한 꿈

• 건강이 좋지 않거나 일상생활에서 못된 옛 버릇이 다시 나타날 수 있다. 그리고 부모님, 할아버지, 할머니, 본인은 병에 걸리기 전에 모두 유사한 꿈을 꾸게 되는데 꿈에서는 신통하게도 꼭 기침하는 사람이 등장한다.

🦋 기근(飢饉-식량이 모자라 굶 줄임)과 관련된 꿈

• 가정이 안정되고 화목함을 상징한다. 많은 친구와 성실한 반려자가 있으며 행복한 가정을 영위할 것이다.

🦋 길이 보이는 꿈

• 길은 인생길을 상징한다. 선택의 기로에서 방황할 때 흔히 갈림길을 본다. 이때의 갈림길은 저마다 가른 모습이므로 똑같지 않은 선택을 상징한다.

- 그중에 한 길을 선택하여 걸어갔다면 마음속, 혹은 잠재의식 속에 이미 무엇인가를 선택했음을 상징한다.
- 길가의 건축물이나 나무들, 풍경은 인생에서 경험해야 할 것들이다.

깃발이 보이는 꿈
- 누군가가 깃대를 흔들며 무슨 소식을 알리려 하는 꿈은 건강과 명성에 어떤 위협이 다가오고 있는 것이다.

까마귀가 보이는 꿈
- 말다툼으로, 어떤 음모에 빠지고 역경 속에서 투쟁하게 됨을 상징한다.
- 그리고 사랑하는 사람에게 배반을 당할 수도 있다.
- 까마귀를 잡는 꿈은 경쟁자를 대수롭게 생각하지 않아도 된다.
- 까마귀가 우는소리를 듣는 꿈은 타인의 말을 믿고 재산을 잃을 징조이다.

까치가 보이는 꿈
- 길몽 중 하나로 좋은 일이 생긴다.

꼬리 없는 원숭이가 보이는 꿈
- 절친한 친구에게 질병이나 패가망신할 일이 생긴다.

🦋 꽃과 관련된 꿈

- 꽃은 아름다움과 우아함을 상징하며 평온한 인생을 의미한다.

- 활짝 피어나는 꽃이 보이는 꿈은 자신의 재능이 충분히 발휘되고, 하는 일마다 행운이 따르게 된다. 그리고 꽃을 키우고 정원을 가꾸는 꿈은 대체로 태몽으로 아이 낳거나 키우고 싶은 소망을 나타낸다.

- 꽃을 다발로 묶었다면 결혼이 순탄하게 이루어진다.

- 붉은 꽃이 보이는 꿈은 행복, 성공, 승리 들을 상징한다.

- 남색 꽃을 보았다면 불가사의한 체험을 하거나 신비하고 로맨틱한 일이 발생한다.

- 그러나 흰 꽃을 보았다면 질병이 몸을 침범할 징조이다.

- 꿈에 장미꽃을 보았다면 연애나 성(性)과 관련한 일을 상징한다.

- 꽃을 따서 먹는 꿈은 정신이 건전하고, 머리가 맑아 짐을 상징한다.

- 누군가가 자신에게 꽃다발을 안겨주는 꿈은 우정을 상징한다.

- 시들어 버린 꽃송이를 보았다면 친구나 연인과 오해가 생겨 헤어질 수도 있다.

- 화원에 싱싱한 꽃들이 만발한 것을 보았다면 마음이 유쾌하고 사업이 성공한다.

- 꽃이 흩어지는 꿈은 밝은 미래, 아름다운 희망이 모두 물거품이 된다.

- 시들어 버린 꽃을 보았다면 실망할 일이 생긴다.

- 지는 꽃이 보이는 꿈은 슬픔, 적막, 실망 등을 상징한다.

- 젊은 남자가 주는 꽃다발을 받는 꿈을 여자가 꾸었다면 곧 결혼하게 된다.

- 꽃다발의 꽃이 이미 시들어 떨어진 것이라면 질병과 사망을 의미하는 것이다.

- 꽃에 물을 주는 꿈은 남성의 조루증과 관련될 수 있다.

- 이때 꽃은 정액을 받아들이는 부위, 즉 여성 성기의 상징물이다.

- 수도꼭지에서 정상적으로 물이 잘 나오지 않는 꿈도 남성의 성기능 장애와 연관이 있을 수 있다.

🦋 꾸러미(묶음, 다발)와 관련한 꿈

- 꾸러미를 받는 꿈은 친구의 소식을 접하거나 친구가 보내는 선물을 받게 된다.

- 꾸러미를 들고 거리를 걷는 꿈은 사업에 큰 변화가 일어남을 상징하는데 어쩌면 손해를 보거나 또 실연을 하고 연인이 다른 사람과 결혼하게 된다.

🦋 꿀을 먹는 꿈

- 꿀을 먹는 꿈 건강하게 장수하며 재산, 명예, 지위, 결혼 등 평생 생활이 풍족하고 행복할 것이다.

- 사업을 하는 사람이 이런 꿈을 꾸었다면 하는 일마다 뜻대로 이루어진다.

- 사랑하는 사람이 아름다운 덕성을 지니고 성실하며 영원히 변심하지 않는다.

🦋 꿀벌에 쏘이는 꿈

- 꿀벌 자체는 수확, 성공, 즐거움, 원만함, 흥성함과 부지런함 등을 상징한다. 그러나 꿀벌한테 쏘이는 꿈은 누군가가 나를 해치거나 손해를 입힌다.

🦋 꿩이 날아가는 꿈

- 지나가는 길, 들에서 꿩이 날아가는 것을 보는 꿈을 꾸었다면, 생각 밖의 유산을 받게 된다. 그러나 꿩이 서로 싸우면서 날아가는 꿈은 유산을 잃게 될 위험이 있다.

손 없는 날 이란?

• 보통 집 수리나 이사할 때에 손 없는 날을 택하여 한다고 합니다. '손'이라고 하는 것은 '손님'을 의미하는 말인데, 무슨 손님이냐 하면, 귀신鬼神이나 잡귀雜鬼를 말합니다. 즉, 잡귀신이 침범하지 않는 날을 의미합니다.

• 손 없는 날은, 음력으로 9자와 10자 들어가는 날로 음력으로 9일, 19일, 29일, 10일, 20일, 30일 입니다. 이날은 사방으로 손이 없는 날이라 움직여도 잡귀신의 방해를 받지 않아 탈이 없다고 합니다.

• 달력으로 예를 들면, 달력에서 흐리게 칠한 부분이 음력으로 2021년 6월 9일, 19일, 29일, 10일, 20일이 되니 이날들이 손 없는 날로써 사용하 셔도 되는 날 입니다. 양력으로는 7월 18일, 7월 28일, 8월 7일, 7월 19일, 7월 29일이 됩니다.

제3장
꿈풀이

ㄴ

🦋 나귀(당나귀)를 보는 꿈

- 인내와 겸손으로 어떤 어려움이나 불행이 와도 견디면 마침내 좋은 결과가 온다.

- 젊은 여자가 나귀가 보이는 꿈을 꾸었다면 장래의 남편이 부유하지는 않지만, 강한 의지와 믿음으로 굳건히 가정의 행복을 지킨다.

- 누군가 나귀를 타고 가는 것을 본 꿈은 허약한 신체 때문에, 일찍부터 힘든 삶을 살게 된다.

🦋 나리꽃(산과 들에서 자라는 풀 꽃)을 보는 꿈

- 질병이나 죽음을 의미한다.

- 푸른 잎이 달린 나리꽃을 보았다면 결혼을 일찍 하지만 갑자기 사망한다.

- 나리꽃 밭에서 아이들이 뛰노는 꿈을 꾸었다면 아이에게 질병이 생길 수도 있다.

- 젊은 여자가 기뻐하며 나리꽃을 꺾는 꿈을 꾸었다면 사랑하는 사람이 큰 상처를 입고 그녀에게 지속적으로 고통을 안겨준다.

- 만약 말라서 시들어 버린 나리꽃을 보았다면 역시 불행이 빨리 다가올 징조다.

🦋 나무가 말라버리고 가지가 꺾인 꿈

- 생활에 변화가 생기고 건강이 좋지 않을 징조이다.

🦋 나무가 쓰러지는 꿈

- 푸르게 잘 자란 나무가 갑자기 쓰러지는 꿈은 웃음 끝에 울음이라, 뜻밖의 불행이 닥칠 징조일 수 있다.

🦋 나무 다리가 출렁이는 꿈

- 질병이나 경제적 어려움이 괴롭힐 징조이다.

🦋 나무와 관련한 꿈

- 소나무가 문 앞에서 자라거나 대추나무가 지붕 위에서 자라는 꿈은 가족중 누군가 사망을 상징한다.

- 홰나무에 기대어 선 꿈은 불길한 징조이다. 홰나무(같은 말-회화나무 콩과 식물의 날엽 수) 홰(槐)를 풀이하면 나무(木) 옆에 귀신(鬼)이다.

- 고목이 다시 살아나는 꿈은 자손이 번성한다.

- 나무가 말라죽은 꿈은 마음의 불안함을 상징한다.

- 수림 속에 앉아있거나 누워있는 꿈은 병이 완쾌된다.

- 나무를 심는 꿈은 대길하다.

- 높은 나무에 올라가는 꿈은 크게 이름을 날린다.

- 나무에 오르다가 떨어지는 꿈은 상처를 입거나 사망한다.

- 고목에 꽃이 피는 꿈은 자손이 번성한다.

- 큰 나무에서 낙엽이 떨어지는 꿈은 집안에 좋은 일이 있다.

- 당상(堂上)에 나무가 자라는 꿈은 부모한테 근심이 생긴다.

- 큰 나무가 갑자기 꺾이는 꿈은 불길한 징조이다.

- 나무를 집에 가져오는 꿈은 재산이 늘어나고 기쁨이 흘러넘친다.

- 큰 나무를 벌목하는 꿈은 많은 재산을 얻게 된다.

- 문중에 과수나무가 자라난 꿈은 아들을 보게 된다.

- 소나무가 집안에서 자라는 꿈은 어렵던 일이 뜻대로 되어간다.

- 난초가 정원에서 자라는 꿈은 손자를 보게 된다.

- 잣나무가 집안에서 자라는 꿈은 대길한다.

- 대나무가 정원에서 자라는 꿈은 좋은 일이 거듭 생긴다.

- 과수원으로 들어가는 꿈은 크게 재산을 얻는다.

- 뽕나무가 우물 위에서 자라는 꿈은 근심이 생긴다.

- 나무를 기어오르는 꿈은 여행을 떠나거나 이성을 갈망한다.

- 초록의 무성한 나무를 보는 꿈은 새로운 연인이 다가오고 있음을 상징한다.

- 꽃이 만발한 나무 꿈은, 뜻밖에 행운이 있을 징조이다.

- 과일이 주렁주렁 열린 나무가 보이는 꿈은 지인과 사이가 돈독함을 상징한다. 그러나 나무 열매를 따거나 먹는 꿈은 곤란한 일이 생기거나 질병이 생긴다.

- 초록의 거목이 보이는 꿈은 아낌없는 사랑에 행복할 것이다.

- 곧고 잎이 푸르고 큰 나무를 보는 꿈은 항상 자신을 옭아맸던 곤 경에서 벗어나 기쁜 일이 생긴다. 병을 앓는 사람이 이런 꿈을 꾸 었다면 곧 건강을 회복하게 된다

- 나뭇가지를 보았다면 변화, 실망, 이별을 상징한다.

- 나무에 올라가 가지를 꺾는 꿈은 헤어짐을 상징한다.

- 자신이 나무를 베어버리는 꿈은 길조이므로 경쟁자와 싸워 이길 것을 암시한다.

- 다른 사람의 나무를 베어버리는 꿈은 흉조이므로 건강에 조심해 야 한다.

🦋 나뭇가지와 관련한 꿈
- 나뭇가지가 무성한 꿈은 풍요함과 가족이 번성함을 상징한다.

- 마른 나뭇가지에 떨어지거나, 머리 위에 떨어지는 것을 보았다면 신경쇠약 증상으로 볼 수 있다.

🦋 나뭇잎을 보는 꿈
- 푸르고 싱싱하며 무성한 나뭇잎이 보이는 꿈은 사업이 잘되고, 가족 간에 화목하다.

- 만약 나무에 꽃이 피고 열매가 맺혔다면 자식을 많이 두게 된다.

- 나뭇잎이 말라버린 꿈은 사업이 힘들고, 가족 간에 사랑이 식어 간다.

🦋 나비를 보는 꿈

- 나비가 춤추는 꿈은 번영과 경축을 상징하거나, 헤어졌던 친구나 연인, 친한 사람을 다시 만나게 된다.

🦋 나이에 관련한 꿈

- 자기의 나이를 상징하는 상징물을 꿈속에서 보았다면 병을 앓게 될 것이다.

🦋 나체를 보는 꿈

- 다른 사람의 나체를 보는 것은 대체로 자기 과시나 자신의 매력을 다른 사람들에게 인정받기를 바라는 마음보다, 자유롭고 진솔하며 숨김없는 개방된 삶을 살고 싶은 소망을 상징한다.

- 나체를 부끄러워하거나, 감추려는 꿈은, 죄의식을 상징하거나 타인의 공격을 두려워하는 것이다. 그러나 나체를 대수롭지 않게 생각하고 부끄러운 마음이 전혀 없었다면 자유롭게 행동하려는 순박한 마음을 나타내는 것이다.

- 자신의 나체가 보이는 꿈은 망신을 당할 징조이다.

- 꿈속에서 이성의 나체를 보고 강렬한 성 충동을 느끼는 것은 단지 욕망을 만족시키려는 꿈으로 해석될 뿐이다. 청소년 시절에 이런 꿈을 많이 꾸게 된다.

낙타를 타는 꿈

- 낙타가 보이는 꿈은 인내력을 상징한다. 시련을 겪게 되지만 책임을 지고 꿋꿋하게 이겨내고 마침내 어려움에서 벗어나 가정의 행복을 지킨다.

낚시질하는 꿈

- 결혼에 어려운 일이 생기게 된다. 또는 궤변을 상징한다.

- 사업을 하는 사람은 계획을 하고 있는 일이 잘 진행되길 바라는 마음이다.

난쟁이와 관련한 꿈

- 난쟁이를 보이는 꿈은 직장에서 승진하게 된다.

- 자기 자신이 난쟁이로 보이는 꿈은 건강하고 매력적이게 변화들 꿰하며, 독립적 환경으로 변화시키게 된다.

날개가 돋는 꿈

- 몸에 날개가 돋는 꿈은 멀리 있는 친척이나, 친구의 안전과 건강을 몹시 걱정하는 것이다.

날아다니는 꿈

- 고서에서는 '위(上)가 성하면 꿈에 날아다닌다'고 하였으니 길몽으로 볼 수 있다.

- 날아다니는 꿈은 기쁘고 즐겁고 자랑스러운 것이다.

- 사람은 열여덟이나 열아홉 청춘 때 이런 꿈을 자주 꾸는데 한창 발육기에 놓인 신체가 성장하는 것과 관련하며, 자신의 신체가 빠르게 자라는 것을 스스로 발견한 것 과도 관련한다. 그래서 항상 날아다니는 꿈을 꾸는 사람은 대개 심신이 충만되어 있다.

- 한동안 날아다니는 꿈을 자주 꾸고 아주 즐거워했다면 최근의 생활에서 많은 것을 얻게 됨을 상징한다.

- 물론 꿈에 날고 싶다고 원한다고 해서 모두 다 날아오를 수 있는 것은 아니라, 일정 고도로 날아오른 다음에는 아무리 더 날아오르려 해도 오를 수 없다.

- 이는 '원시인'이 그의 성공에 한계가 있음을 알려주거나 그의 수준이 그 정도라고 경고하는 것이다. 그러나 멀리 날아올랐다는 것은 실제적이지 못하고 주제넘게 높은 데만 바라봄을 상징하거나 현실도피 또는 환상임을 상징할 수도 있다.

- 이런 꿈은 대체로 즐거운 마음이 아니라 긴장하고 조급한 마음을 보여준다.

- 이런 정서에서 하늘을 나는 꿈을 꾸었다면, 불쾌한 소식을 듣게 된다.

- 땅을 스치듯이 낮게 날아다니는 꿈은 질병이 생기고 주변의 환경이 몹시 불안함을 나타낼 수도 있다.

- 여자가 도시의 교회 위를 날아다니는 꿈을 꾸었다면 사랑에 있어서 경쟁자의 유혹과 감언이설에 조심해야 하고 질병이 생기거나 주변 사람에게 부고가 올 수도 있다.

- 날아다니는 꿈은 성적 즐거움을 상징하기도 한다. 그런데 이런 꿈은 남녀가 함께 날아오르는 경우는 거의 없고 대체로 남자가 여자를 안고 하늘로 날아오르는데 높이 오를수록 즐거웠다거나, 여자가 꿈에 남자에게 안겨 하늘을 날아오르면서 쾌감을 느꼈다는 등으로 나타난다. 성에 있어서 남성의 주도적인 것과 관련된 것이다.

- 날아다니는 꿈은 또 자유에 대한 동경을 상징하거나 타인을 초월하려는 우월감을 상징하며 정서가 고조됨을 나타나기도 한다.

- 또한 성의 욕망을 성장할 수도 있다.

- 높이 날려고 하나 도무지 날아오를 수가 없는 꿈은 욕망을 실현할 수 없거나 어려움이 많음을 상징한다.

- 직장인이 날아다니는 꿈을 꾸면 더 높은 자리로 진급할 것이다.

- 무명 연예인이 꿈을 꾸면 좋은 일로 이름을 널리 알리게 된다.

- 오랜 병상의 환자가 꿈을 꾸면 몸이 점차 회복된다.

- 집이 없는 사람 날아다니는 꿈을 꾸면 좋은 집을 갖게 된다.

- 법정 소송 중인 사람이 날아다니는 꿈을 꾸면 분쟁이 해소될 것이다.

🦋 남자의 성기를 부러워하는 꿈

- 여자가 남자의 성기를 부러워하는 꿈을 꾸었다면 남자가 되고 싶은 욕망을 상징하거나 임신이나 엄마가 되는 공포에서 벗어나려는 생각을 나타낸다.

🦋 남자가 아이를 낳는 꿈

- 아내의 출산의 부담을 덜어주려는 것을 상징하거나, 거세몽(去勢夢-성기를 자르는 꿈)에서 한 단계 더 발전한 것으로서 여자가 되려는 생각을 합리화하려는 것이다.

🦋 남편과 관련한 꿈

- 사업 때문에 과도한 피로로 얼굴이 창백해진 남편을 꿈속에서 보았다면 중병이 생기거나 친구가 얼마 동안 병을 앓게 된다.

- 남편이 아무 이유 없이 자신의 곁을 떠나는 꿈을 꾸었다면 둘 사이에 오해로 인한 깊은 앙금이 생겼음을 상징한다.

- 병을 앓고 있는 남편이 보이는 꿈은 남편이 외도하거나, 부인을 못마땅해 하는 것이다.

- 남편의 죽음이 보이는 꿈은, 하기 싫은 일은 억지로 하게 된다.

- 유부남을 사랑하는 꿈은, 결혼 전 순결을 지키지 않음을 뜻한다.

- 과부가 꿈속에서 남편이 미소를 지었다면 누군가 로부터 청혼을 받게 된다.

🦋 내장(內臟-몸속의 장기)이 보이는 꿈

- 몸속의 내장이 엉켜 붙는 꿈은 재난을 당하거나 친구와 사이가 벌어질 징조다.

- 자신의 내장이 보이는 꿈은 신변에 불행이 닥치거나 병이 생기고 극도의 비통함으로 죽음까지 생각하게 될 것이다.

- 어린아이의 내장을 보는 꿈 신변에 불행이 닥치거나 병이 생기고 외부의 충격으로 인해 정신이 붕괴될 수 있다.

- 뜨거운 김이 올라오는 내장을 어떤 물체 위에 올려놓고 불안해서, 도움을 청했으나 거절당하는 꿈은, 의외의 재난이나, 난치병이 생기거나, 친구로부터 외면을 당하여 매우 힘들어진다.

🦋 넘어지는 꿈

- 중풍으로 한쪽이 마비되거나, 반쪽이 마비되는 것과 관련될 수 있다.

- 걸을 때마다 넘어지는 꿈은, 몸과 다리가 더욱 심하게 손상이 될 것이다.

- 넘어져 돌에 부딪치는 꿈은, 중풍이 매우 심각할 수 있음을 예시하는 것이다.

🦋 노래와 관련한 꿈

- 노래를 부르는 것은 대체로 다른 사람에게 자신의 능력이나 매력을 과시하려는 욕망을 나타낸다. 그러나 누구도 자기를 알아주지 않는다는 것을 전제로 한다.

- 독창(獨唱-혼자 노래하는 것) 하는 꿈은 여러 사람 앞에서 생각했던 말을 할 수 있기를 바라면서도 어쩐지 그럴듯하게 표현하지 못할 것 같아 불안한 마음을 나타낸다.

- 둘이서 함께 노래를 부르는 꿈은 누군가 자기와 짝이 되어 주기를 바라는 마음이다.

- 합창단에 가입하여 노래를 부르는 꿈은 주위 사람들이 모두 강해 보이거나, 도저히 자신의 뜻을 밝힐 수가 없고, 시키는 데로 따라 할 수밖에 없는 상황을 암시한다.

- 만약 그때 사람들의 얼굴이 알아볼 수 없을 정도로 희미했다면 사귀는 사람이나, 집 주소에 변화가 있게 된다.

- 노래를 아주 멋지게 부르는 꿈을 꾸었다면 자신을 너무 과신하여 모임, 직장에서 또 다른 적을 만들게 된다.

- 자기가 부르는 노래에 도취되어 있는 꿈은 타인의 충고를 듣지 않는 것이다.

- 자신이 지휘를 맡고 있는 꿈을 꾸었다면 리드가 되려는 마음을 상징하거나 가까운 어느 날 활약을 펼치는 리드가 될 기회가 오게 된다.

🦋 노루가 보이는 꿈

- 불길한 꿈이므로 자신이 다툼이나 분쟁의 대상이 될 수도 있다.

- 무역을 하는 사람이 이런 꿈을 꾸었다면 어려움을 겪거나 손해를 크게 본다.

- 유부녀가 이런 꿈을 꾸었다면 아기를 갖게 된다.

🦋 노인과 관련한 꿈

- 유부녀가 노인의 유혹을 받는 꿈은 큰돈이 생기거나, 장사, 일이 확실히 성공한다.

- 처녀가 이런 꿈을 꾸었다면 잘 사는 시집을 가서, 자식을 여러 명 낳게 된다.

🦋 논밭이 보이는 꿈

- 곡식이 잘 익은 논밭을 지나는 꿈을 꾸었다면 많은 수입이 생기고 가정이 평화롭고, 직장인은 연봉이 오른다.
- 벼 이삭이 병충해를 입었다면 불길한 운수이니 주변을 살피는 것이 좋다.

🦋 농담과 관련한 꿈

- 친구, 동료로부터 미움을 사거나 예정했던 일이 어긋날까 걱정하는 것이다.
- 또는 우정에 실망함을 뜻한다.
- 꿈에 농담을 들었다면 반갑지 않은 손님이 찾아오게 된다.
- 놀림당하는 꿈은 크게 실망할 일이 생긴다.

🦋 농장이 보는 꿈

- 배려와 사랑받고 있음을 나타내고 마음의 의지할 곳을 찾거나 누군가를 배려함을 상징하기도 한다.
- 농장을 사는 꿈은 유산을 물려받게 된다.
- 농장을 방문하고 농산품을 받는 꿈은 신체가 건강하게 된다.

🦋 뇌가 보이는 꿈

- 자신의 뇌가 보이는 꿈은 결정적인 순간에 사람들의 환심을 사지 못한다.

- 동물의 뇌가 보이는 꿈은 정신적으로 크게 좌절을 당할 것이다.

🦋 눈(雪)과 관련한 꿈

- 흰 눈이 대지를 덮는 꿈은 경쟁 관계에 있는 사람이 헐뜯어도 자신의 결백함을 증명하는 꿈이다.

- 사랑하는 여자와 눈 위를 산책하는 꿈은 여자의 인품이 뛰어나고 매우 아름답다.

- 눈에 갇히는 꿈은, 비록 어려움에 부딪쳤다 해도 아무 손실 없이 극복해 낸다.

- 눈서리가 내리는 꿈은 일에 성공하지 못한다.

- 몸에 눈이 내리는 꿈은 일에 크게 성공한다.

- 눈이 집안에 내리는 꿈은 슬픈 일이 생긴다.

🦋 눈(眼)과 관련한 꿈

- 두 눈을 부릅뜨는 꿈은 깨닫지 못했던 일에 대해 어떤 계시를 받게 된다. 풀지 못한 일이거나, 사업 기회일 수도 있다.

- 눈앞이 점차 흐려지고 어두워지는 꿈은 어떤 중요한 일을 그냥 흘려 버리게 된다. 예를 들면 부지불식간에 타인에게 상처 주는 말

을 던지거나, 지인들 모임에 불참하거나, 공적인 일이나, 사업에서 아주 기본이 되는 사항을 그냥 흘려 버리는 것 등이다.

- 눈을 점점 크게 뜨는 꿈은 발견, 발명의 기회가 있거나 어떤 깨달음을 얻게 된다.

- 안경을 쓰는 꿈은 식별 능력이 깊어지고 이지(理智), 지혜를 추구한다.

- 초점이 없이 풀어진 눈을 보았다면 기만과 배신을 당하게 된다.

- 남색 눈을 보았다면 허약한 몸과 의지 때문에 아무것도 해낼 수 없다.

- 회색 눈을 보았다면 달콤한 연인을 만나게 된다.

- 억지로 눈을 가리고 숨바꼭질을 하는 꿈을 꾸면 누군가 당신을 속이고 있다.

- 눈물을 흘리는 꿈은 대체로 비통함이나 불안을 그대로 드러낼 수 있지만, 꿈에 따라 때로는 자신의 속마음을 숨기려 하는 것일 수도 있다.

🦋 늑골(갈비 뼈)과 관련한 꿈
- 칼로 깨끗이 깎아낸 자기의 늑골을 보는 꿈은, 몸의 병이 마음까지 힘들게 한다.

🦋 늑대와 관련한 꿈

- 교활한 경쟁자가 온갖 수단을 다해 자신을 해치려 하나, 화가 복으로 변하여 곤경에서 벗어나고 모든 근심이 사라지게 될 것이다.

🦋 능욕(凌辱-여자를 강간하여 욕보임)과 관련한 꿈

- 강간을 구경하는 꿈은 연인이나 친구가 자신의 험담을 늘어놓고 다닌다.

- 능욕(강간)을 당하는 꿈은 사업을 하는 사람이 이런 꿈을 꾸었다면 손해를 보게 된다. 이런 꿈은 흔히 화재로 인한 사망이나 손실을 암시하므로, 불이나 전기에 대해 각별히 주의해야 할 것이다.

- 반대로 강간을 하는 꿈은 회사나, 학교에서 경쟁관계의 사람을 이기는 꿈이다.

조상공양 시리즈 ③

조상님들의 금기사항禁忌事項(1)

지금은 사라져가는 조상 님들의 금기사항이나 금기생활을 소개합니다. 이러한 것들이 터무니없다면 할 말이 없지만, 이러한 것들을 어기므로써 피해를 보았다는 얘기는 우리 부모님 들로부터 도 심심찮게 전해오고 있다할 것입니다. 항상 사소한 것에도 주의하는 생활 태도가 중요하다 할 것입니다. 소개되는 금기들 중에는 시대에 맞지 않는 것도 있으니 독자 여러분이 주관적으로 해석해 보시기 바랍니다.

1. 주술적 금기

- 밤에는 손톱, 발톱을 깍지 아니한다.

- 비오는 날 밤에는 머리를 감지 아니한다.

- 메주 쑤는 날 머리를 빗지 아니한다.

- 밤에 귀를 후비지 아니한다.

- 이齒를 빼서는 아궁이에 넣는다.

- 손톱을 깍아서 마당에 버리지 아니한다. 만약 그 손톱을 닭이 먹은 뒤, 그 닭을 잡아먹으면 문둥이가 된다.

- 남의 집(혹은 친척집)에 가서 손톱이나 발톱을 깍지 아니한다.

2. 식생활에 관한 금기

- 생쌀을 먹으면 어머니가 죽는다.

- 밥그릇을 손바닥 위에 얹어서 먹지 아니한다.

- 간장은 친정집의 것을 가져다 먹지 아니한다.

- 처마밑에서 밥을 먹지 아니한다.

- 부뚜막에 앉아서 음식을 먹지 아니한다.

- 이가 빠진 사기그릇은 사용하지 아니한다.

- 바가지를 상 위에 올려 놓지 아니한다.

- 부엌에 물이 없으면 안 된다.

- 눈에 다래기가 생겼을 때는 민물고기를 먹지 아니한다.

- 식사 때 다리를 떨면 복이 나간다.

제3장 꿈풀이

ㄷ

🦋 다리 밑으로 피가 흐르는 꿈
- 초경인 여성이 첫 월경이 있기 전날에 이미 아픈 증세가 나타나는 것과 관련된다.

🦋 다리(橋-건너는 다리)와 관련한 꿈
- 과도기나, 한 단계 높은 차원 문제점을 개선, 또는 진취적인 정신을 나타낸다. 청춘기의 끝 혹은 애인과의 사이가 애틋해 지거나, 인생의 전부를 새로운 사업에 바치려는 정신적 자세를 타나내기도 한다.

- 만약 꿈에 긴 다리를 보았는데 그 끝이 아득하게 뻗어서 캄캄한 신비 속으로 정체를 감추었다면 애지중지하는 물건을 잃고 걱정으로 하루하루 보내게 된다.

- 다리 위에 쓸데없는 것이 있거나 다리를 제때에 건너지 못하는 꿈은 일산상에 재난이 일어나게 될 것이다.

- 한낮에 다리를 건너는 꿈을 꾸었다면 형편이 뒤바뀌어 짐을 뜻한다.

- 다리를 못 건너도록 누군가가 막는 꿈은 사랑하는 사람에게 배반당하게 된다.

- 아무런 걸림돌이 없이 다리를 건너는 꿈은 일이 뜻대로 이루어지고 사업에 성공한다.

- 무너져 내린 다리를 향해 걸어가는 꿈은 성공할 가망이 없으므로 너무 성급하게 현 상태를 바꾸려 하지 말아야 한다.

🦋 다리(腿-사람 허벅지)가 보이는 꿈

- 다리에 상처를 입는 꿈은 재산의 손실이 발생하고, 병이 생긴다.

- 허벅지에 상처를 입은 꿈은 병을 앓거나, 친구, 지인이 배신의 징조다.

- 다리를 저는 꿈은 생활에 곤란을 겪는다.

🦋 다림질하는 꿈

- 건강하고 가정이 화목하며 사업도 순조롭게 된다.

- 여자가 다림질하다 손을 덴 꿈은 질병이 생기거나, 주변 지인들의 이간질로 가정에 불화가 생긴다.

🦋 다툼과 관련한 꿈

- 다투거나 입씨름을 하는 꿈은 우정을 잃지 않으려는 의지를 나타낸다.

- 꿈에 냉담한 태도였다면 현실에서는 어느 정도 깊은 의리도 있음을 상징한다. 서로 다투는 꿈은 어떤 변화를 상징하는데, 사업을 한다면 새로운 시도일 수 있다.

- 구타하는 꿈을 꾸었다면 강렬한 애정을 기대하는 것이다.

- 특히 여자가 누군가를 구타하는 꿈은 성에 대한 강렬한 동경을 나타낸다.

- 자기보다 어린 사람한테 구타당하는 꿈은 자신이 저지른 일에 대해 괴로워하거나 반성하는 것이다.

- 싸움을 말리는 꿈은 상대방이 좀 더 부드럽기를 바라는 마음이다.

- 친구와 말다툼하다 몸싸움 중 누군가에 의해 제지당하는 꿈은 둘의 사이가 더욱 친해지게 된다는 의미다.

🦋 단식하는 꿈
- 여자가 이런 꿈을 꾸었다면 월경(생리) 이상을 상징한다.

🦋 단추의 색깔이 희미한 꿈
- 건강이 좋지 못하고 여러 가지 손실을 당하게 된다.

🦋 달걀과 관련한 꿈
- 많은 달걀이 보이는 꿈은 사업과 사랑 모두 성공하고, 자식들이 착실하게 성장하며 생활이 윤택 해진다. 한 단계 더 좋은 사업이나 직위를 소망한다면 뜻대로 될 것이다.

- 상한 달걀이 보이는 꿈은 친구나 사랑하는 사람이 미덥지 않고 간교한 것이다.

🦋 달과 관련한 꿈

- 꿈속의 달은 모친, 아내, 자매를 상징하는데 이는 역시 수호 여신 (守護 女神)의 상징물이다. 그리고 금전, 재산, 행복을 상징하기도 하므로 사업을 하는 사람에게는 길몽일 수 있다.

- 신월(申月-음력 7월)은 상인이나 농부에게 길몽이고, 만월(滿月-음력 30일까지 있는 달)로 결혼을 상징하므로 과부에게 길몽이다.

- 달을 쏘아 맞추었는데 자신은 흙탕물에 빠지는 꿈은 죽음을 상징한다.

- 월궁의 계수나무 가지를 꺾어가자고 돌아오는 도중에 계수나무 가지가 말라버리는 꿈은 선거에서 낙선하게 될 것이다.

- 머리 위에 떨어진 달을 받아 삼키는 꿈은 질병이 물러가고 모든 고통이 사라진다.

🦋 달력, 일력(日曆-하루씩 표기된 달력) 시간, 등을 보는 꿈

- 진행되고 있는 일에 대해 불안을 상징한다.

- 반쯤 찢어버리고 얼마 남지 않은 달력을 보는 꿈은 흘러가 버리는 시간에 대한 초조함을 상징하거나, 목적이 있는 일에 강렬한 열정을 가지고 있는 것이다.

🦋 달리기와 관련한 꿈

- 고난과 시련이 있으나 부지런함과 노력으로 모든 어려움을 이겨낼 것이다.

- 아이를 갖지 못한 홀몸인 여자가 이런 꿈을 꾸었다면, 사랑에 충실하지만 시부모부터 환영을 받지 못한다.

- 달리기 시합에 참가하는 꿈은 경쟁자를 물리치고 사업에 성공한다.

- 더 이상 사랑의 라이벌 없이 연인의 참된 사랑을 얻고 행복하게될 것이다.

- 원하는 곳까지 달리는 꿈은 어떤 누군가의 주위에 가고 싶은 욕망이다.

- 멀리 떠나는 꿈은 어떤 상황이나 누군가의 주변에서 도망가려는 생각을 나타낸다.

- 아무런 목표 없이 달려가는 꿈은 적극성이나 힘이 지속적으로 계속된다.

🦋 닭과 관련한 꿈

- 어미 닭이 한 무리의 병아리를 거느리고 있는 꿈은 악운(惡運)을 상징하므로 사랑했던 사람이 배반하고 다른 사람과 결혼을 한다.

- 농부가 이런 꿈을 꾸었다면 농사를 망치게 될 것이다.

🦋 담비(貂-족제비)와 관련한 꿈

- 누군가 화려한 담비 가죽옷을 입고 있는 꿈은 무한의 영광과 존엄을 함께 얻을 수 있는 위치에 서게 된다.

- 자신이 담비 가죽 저고리를 입고 있는 꿈은 높은 직위가 기다리고 있다.

🦋 담장이 보이는 꿈
- 담장은 내용물의 주위를 둘러막는 기능을 한다.
- 담장이 보이는 꿈은 마음에 끌리는 누군가에게 가까이 가려 하나 오히려 더 멀어지거나 멀어지게 될까 봐 근심하는 것이다.

🦋 당구를 치는 꿈
- 당구를 치는 꿈은 아주 어려운 위치에 다다르게 되고 그 어려움에서 좀처럼 벗어나기 힘들 상태를 말한다. 만약 한창 사랑을 만들어 가는 상태라면 그녀의 부모나 친구의 반대에 처하게 될 것이다.

🦋 닻(배를 한곳에 멈추게 하기 위하여 쇠로 만든 갈고리)이 보이는 꿈
- 속박을 받고, 발목을 잡히거나 진퇴양난에 빠진다.

🦋 대나무와 관련한 꿈
- 정원에 대나무 한 그루가 있는데 그 마디가 매우 가지런한 꿈은 갑자기 부자가 되지만 오래가지는 못한다.

🦋 대리석과 관련한 꿈
- 대리석상이 보이는 꿈은 평생 재산을 모으는 것에 성공하지만 사회생활과 친구들 과의 사이가 좋지 않을 것이다.

- 대리석을 다듬는 꿈은 남들이 부러워할 만큼의 유산을 상속받게 될 것이다.
- 대리석에 금이 간 꿈은 덕이 없어 친구들에게 따돌림을 당할 징조이다.

🦋 대머리와 관련한 꿈
- 대머리나 머리가 벗겨지는 꿈은 병을 앓게 된다.
- 젊은 여자가 자신이 대머리가 되는 것을 보았다면, 남자에게 거절당하는 꿈이다.
- 만약 자신이 대머리가 되는 꿈은 독신으로 일생을 보내게 된다.

🦋 대통령을 만나는 꿈
- 해외에 거주하지만 나중에 다시 돌아오게 된다.
- 꿈에 흑백으로 된 대통령을 보았다면 아무런 이익 없이 빈손으로 돌아온다.
- 화려한 옷을 입은 대통령을 보았다면 부자가 되어서 돌아와 노년에 행복하게 될 것이다. 만약 여자가 대통령을 보았다면 아들이 외교관이 될 것이다.

🦋 대추를 먹는 꿈
- 나무에 올라가 대추를 따먹는 꿈은 즐겁고 성대한 모임을 상징한다.

• 상점에서 대추를 사 먹는 꿈은 지나친 욕망 때문에 홀로 울적하게 지내게 된다.

🦋 대포 소리를 듣는 꿈

• '쿵쿵'하는 대포 소리를 들었다면 고민거리가 있는 것이다.

• 미혼인 젊은 여자가 이런 꿈을 꾸었다면 직업군인을 남편으로 맞게 된다.

🦋 대학과 관련한 꿈

• 캠퍼스를 여유롭게 거니는 꿈은 안일함 때문에 주어진 기회를 놓치게 된다.

• 대학 시절이 떠오르거나 그때의 친구를 꿈속에서 보았다면, 어떤 도전 앞에 속수무책으로 두 손 놓고 있을 수밖에 없음을 나타낸다.

🦋 덩굴을 보는 꿈

• 덩굴이 나무가 지붕 위로 올라간 것을 보았다면 가족이 건강하고 재물도 많다.

• 젊은 여자가 이런 꿈을 꾸었다면 칭찬과 영애를 얻게 된다.

• 달빛 아래 덩굴이 담장을 타고 올라간 것을 보았다면 남자와 몰래 만난다.

🦋 더러운 늪을 보고 바람소리를 듣는 꿈

• 담(痰-가래)과 기관지에 천식이 생긴다.

🦋 더러움과 관련한 꿈

- 몸이나 옷이 더러워지는 꿈은 질병이나 슬픔을 상징하거나 명예를 잃게 된다.

- 누군가 자신에게 더러운 것을 던지는 꿈은 경쟁자가 자신에게 인품에 유해를 가하려 하는 것이다.

🦋 데모하는 꿈

- 자신감이 충만하여 리드가 되려는 야심을 나타낸다.

- 다른 사람과 잘 어울리지 못하고, 같지 않은 것을 근심하는 것이다.

🦋 도둑과 관련한 꿈

- 사랑이나 권력, 명예를 빼앗아갈까 봐 두려워하거나, 그렇게 될 것이라고 믿는다.

- 또는 그런 것들을 다시 가져오려는 욕망을 상징하기도 한다.

- 도둑이 되어 들키는 꿈은 좋은 일이 생긴다.

- 도둑을 뒤쫓는 꿈 역시 대길하다.

- 도둑한테 쫓기는 꿈은 매우 불길하다.

- 집이나 사무실에 도둑이 드는 꿈은 고생스럽게 창업한 사업과 거기에서 얻어진 성과들이 누군가에게 침해들 당하게 된다.

- 도둑과 다투는 꿈은 안 좋은 상황을 바꾸어 놓게 된다.

- 잠들기 전 문단속을 여러번 하면 도둑이 드는 꿈을 꾼다.

🦋 도마뱀이 보이는 꿈

- 도마뱀을 잡아죽이는 꿈은 잃었던 재물과 명예를 되찾게 된다.

- 도마뱀을 놓치는 꿈은 사랑이나 사업에 있어서 곤란을 겪는다.

- 도마뱀이 몸 위를 기어 다니거나, 무는 꿈을 꾸었다면 슬픈 일이 생긴다.

🦋 도망가는 꿈

- 불안에서 도피하려는 소극적인 자세를 나타내고, 주위에 대한 비판이나, 제안한 일을 거절한다. 혹은 붙잡히기를 바라는 마음을 상징하기도 한다.

- 아무리 애를 써도 도망갈 수 없는 꿈은 마음에 두고 있는 일을 끈질기게 집착하거나 인내력을 상징한다.

- 질병이나 원수, 물이나 불로부터 벗어나는 꿈은 극히 짧은 동안 곤란을 겪지만, 결국 이겨내고 극복한다.

- 뱀을 피해 도망하는 꿈을 꾸었다면, 사랑하는 사람의 인품을 다시 자세히 알아볼 필요가 있다.

- 온갖 수단을 다 동원하여 전염병을 피하려 했으나, 끝내 병에 걸리는 꿈을 꾸었다면 경쟁자가 파 놓은 함정에 빠져서 화를 당하거나 명예를 잃는 것이다.

🦋 도살과 관련한 꿈

- 짐승을 도살하는 꿈을 꾸었다면 사랑하는 사람이 배신하여 이별을 하게 된다.

• 유부녀가 이런 꿈을 꾸면, 남편의 친구가 그녀에게 사랑을 고백하게 된다.

• 도살업자가 짐승을 잡아서 그 주위가 피로 흥건한 꿈을 꾸었다면, 자신이나 집안사람이 오랫동안 병을 앓게 된다.

🦋 도서관이 보이는 꿈

• 도서관에서 책을 정리하는 꿈은 사업이 흥할 것이다.

• 도서관으로 가는 꿈은 이름을 날리게 될 것이다.

🦋 도전을 받는 꿈

• 자신의 명예를 비롯한 모든 것을 위하여, 시비를 가리려 하지만 결과적으로는 여러 번 크게 앓아눕게 된다.

🦋 도토리와 관련한 꿈

• 보통 태몽으로 부부가 아이를 원한다면 쌍둥이를 낳는다.

• 길몽이므로 건강과 왕성함, 그리고 물질적 재물을 상징한다.

• 도토리 낱개가 보이는 꿈은 달콤한 결혼이 이루어지고 자녀가 번성할 것이다.

• 사업을 하는 사람이 이런 꿈을 꾸었다면 사업이 흥성하고 재산이 늘어날 것이다.

• 만약 열애 중인 사람이 이런 꿈을 꾸었다면 사랑에 결실을 맺는다.

• 어려움을 겪고 있는 사람이 이런 꿈을 꾸었다면 곤경에서 빨리 벗어나게 된다.

🦋 돼지 꿈

- 돼지는 농경 사회에서 소 다음으로 중요한 가축이다. 새끼를 많이 낳고, 먹성도 좋아 좋은 의미로 사용된다. 그래서 꿈에 돼지를 보면 길몽이라 하여, 횡재수가 있다 하며 '로또'를 구입한다. 그러나 현재에는 맞지 않으나, 이 또한 오랜 세월 동안 돼지꿈은 횡재 수로 믿고 있기 때문이다

- 돼지 잡거나, 보는 꿈은 길몽으로 재물 또는 원하는 것을 성취한다.

- 탐스러운 새끼가 품에 들어오는 꿈은 '태몽'으로 남자아이를 갖게 된다.

- 돼지가 안방으로 들어오는 꿈은 사업이나, 장사가 잘 되 큰 수익을 얻게 된다.

- 돼지가 대문으로 들어오면 남편, 자식이 공직에 몸담는다.

- 새끼 돼지를 들어 올리는 것은 뜻하지 않은 곳에서 좋은 소식을 듣게 된다.

- 많은 새끼 돼지를 보는 것은 일은 많고 수입은 있으나 고달 프다.

- 돼지가 똥을 싸는 꿈은 지인의 금전적 도움으로 위기를 모면한다.

- 돼지와 함께 노는 꿈은 능력 있는 직원을 만나 일이 잘 풀려 사업이 순조롭다.

- 돼지고기를 잘라 나눠주면 창업을 하게 된다. 또는 모임에서 리드가 된다. 사업을 하는 사람은 어려웠던 일이 순조롭게 잘 해결되면서 활기를 찾는다.

- 돼지를 죽이는 꿈은 추진하고 있는 만족스럽지 못해 불만이 많음을 상징한다.

- 돼지에게 도망치는 꿈은 재산과 관련해서 형제간에 다툼이 있다.

🦋 독신자와 관련한 꿈

- 젊은 독신자가 나타나는 꿈은 머지않아 사랑하는 사람을 만나게 된다.

- 인생이 저물어 가는 늙은 독신자와 이야기를 나누는 꿈을 꾸었다면, 자신도 죽을 때까지 독신자로 남을 것이다.

🦋 독약을 먹는 꿈

- 독약을 먹는 꿈은 곧 불행이 닥치게 되거나, 도저히 빚을 갚지 못함을 상징한다.

- 독약을 먹은 후 건강을 회복하는 꿈은 어려움에서 벗어나 사업 재기에 성공한다.

- 누군가가 자신에게 독약을 먹게 했다면, 사랑하는 사람의 변심했음을 알려주는 것이다.

🦋 돈과 관련한 꿈

- 실생활에서 와 마찬가지로 가치와 힘과 권력, 특히 남성의 힘을 상징한다. 그래서 친구에게 배신당하고 이용되거나 건강하지 못하다고 생각하는 남자는 흔히 용돈이 모자라는 꿈을 꾸게 된다.

- 빌려주는 돈을 받는 꿈은 재산이 불어나게 된다.

- 돈을 사이에 두고 다투는 꿈은 액운을 당할 징조이다.

- 모르는 사람이 자신의 자식을 돈으로 사려는 꿈은, 자식이 불행을 당하게 된다.

- 꿈에 나타난 금전은 흔히 권력이나 사랑을 상징한다.

- 다른 사람의 돈을 가지고 자랑질 하는 꿈은 자신의 욕망이나 불안을 상징한다.

- 돈을 잃어버리는 꿈은 권력이나 사랑 등을 잃을까 봐 무척 두려워하는 것이다.

- 돈을 물 쓰듯 탕진하는 꿈은 권력이나 사랑 등을 물건 다루듯이 함부로 하거나 팽개치는 것이다.

- 돈을 어디에 두었는지 알지 못하는 꿈은 자기의 용기에 믿음이 없거나 회의를 느끼는 것이다.

- 돈 쓰기를 아까워하며 저축하는 꿈은 정력과 사랑에 인색하다.

- 돈에 관련한 꿈은 대체로 남성이 여성에게 돈을 주는 상황이 많은데 이는 성과 관련한 욕망을 상징한다.

- 여자가 꿈에 돈을 보았다면 역시 힘의 상징일 수도 있으나 대부분은 사랑을 상징한다.

- 여자가 꿈에 용돈이 모자라는 상황을 보았다면 남성이 되고 싶은 욕망을 상징하기도 하지만 그보다는 꿈에 나타난 남자가 권력도 돈도 아무것도 없는 사람이기에 남자의 사랑을 받아들이지 않게 된다.

- 돈을 꺼내는 꿈은 아무 가치도 없는 일에 돈을 낭비하게 되거나 혹은 욕망은 아주 강렬하지만 원하는 물건을 끝내 손에 넣지 못하게 된다.

- 돈을 세는 꿈은 물질 욕이 매우 강렬함을 상징한다.

- 돈을 줍는 꿈은 실패를 거듭하거나 돈을 빌리게 된다. 만약 여자가 이런 꿈을 꾸었다면 사랑을 갈망하게 되므로 흑심을 품고 있는 남성을 조심해야 한다.

- 돈을 떨어뜨리는 꿈은 재산이 늘어나거나 운이 좋다.

- 화폐를 교환하는 꿈은 큰돈이나, 물건을 잃게 된다.

- 땅에서 빛을 발산하는 동전을 발견하였는데 자세히 살펴보니 쇠조각이었다면, 처음에는 가치 있다고 판단했던 물건이 나중에는 아무런 가치도 없다.

- 꿈에 돈을 주우면 누구든 기뻐하지만 돈을 처리하는 방법은 각각 달라서 어떤 사람은 그냥 주머니 속에 넣어두고 어떤 사람은 경찰이나 다른 사람에게 준다.

- 어떤 쪽이 좋을까? 한마디로 그냥 주머니에 넣어두는 것이 좋다.

- 돈을 경찰이나 다른 사람에게 주는 것은 오히려 자신에 대한 불신을 상징하거나 좋은 일에는 자기의 몫이 없음을 상징한다.

- 잔돈, 동전을 줍는 꿈은, 걱정을 줍는 거다.

- 잔돈을 저금통에 넣는 꿈은 현재의 생활 형편을 말한다.

- 돈을 잃어 고민하는 꿈은 사업이 좌절할까 근심하거나, 친구의 건강을 걱정한다.

🦋 돈지갑과 관련한 꿈

• 볼록한 돈지갑을 줍는 꿈은 재산이 있는 사람과 결혼을 하고 자식을 많이 낳는다.

• 돈지갑을 잃어버리는 꿈은 사랑하는 사람이 병을 앓게 된다.

🦋 돌과 관련한 꿈

• 돌 위에 누워있는 꿈은 대길하다.

• 돌이 집으로 날라오는 꿈은 재산이 늘어날 것이다.

• 대단히 크고 평평한 돌이 보이는 꿈은 아무 걱정도 의심도 없다.

• 바위 위에 오르거나 큰 돌을 끌어안는 꿈은 승진한다.

• 손으로 작은 돌을 주무르고 있는 꿈은 귀한 아들을 낳게 된다.

🦋 돌과 웅덩이 등과 관련한 꿈

• 동굴, 와지(窪地-움푹하게 패여 웅덩이기가 된 땅), 우물, 물 도랑 등을 꿈에서 보면 출생, 여자, 연애 등에 흥미를 나타낸다.

• 만약 연애 중인 사람이 웅덩이에 빠지는 꿈을 꾸었다면 계획하고 있는 결혼에 좋지 못한 결과가 나타난다.

• 자영업자, 사업하는 사람이 이런 꿈을 꾸었다면 재산의 큰 손실이 있다.

🦋 동물원을 보는 꿈

- 어떤 행위나 충동이 그릇된 것임을 상징하며 우리 속에 갇힌 동물처럼 느껴진다. 철창 속에 갇힌 동물처럼 비밀이나, 독립적인 생활이 위협을 받지만 어쩔 수 없다.

🦋 동물의 상징적 의미

- 나이 많은 성인의 꿈에 나타난 동물은 일반적인 상징적 의미 외에 12가지 띠와 관계된다. 예를 들면 꿈에 어떤 띠에 속하는 동물을 보았다면 이는 그 띠에 해당한 사람을 상징할 수 있다. 이 밖에도 꿈에 나타난 동물은 역시 어릴 때 가지고 놀았던 장난감 즉 '과거의 애완물(장난감)'을 상징할 수도 있다.

- 사자는 일반적으로 용맹이나 위엄을 상징하지만 꿈을 꾼 사람이 어릴 때 사자를 가지고 놀았고 또 일반적 상징적 의미로는 풀이 되지 않을 때 이는 '과거의 애완물'을 상징할 수도 있다.

🦋 동상에 걸리는 꿈

- 동상에 걸려 고통스러워하는 꿈은 친구나 동료의 꾐에 마음이 흔들리거나 질병, 의외의 사고를 당할 수 있다.

🦋 동성연애를 하는 꿈

- 부모가 되는 것에 대한 두려움, 임신에 대한 공포를 상징한다.

- 그러나 섹스의 욕망은 있지만 책임은 지려하지 않음을 나타낸다.

🦋 동행

- 동행을 한 사람이 젊은 여자나 어린이라면 주변의 환경이 한동안 당신을 즐겁게 해줄 것이다.

🦋 두려움과 관련한 꿈

- 현실과 모순되는 꿈이다. 흔히 다가오는 위험 앞에 두려움 없이 용감하게 맞선다. 사업에 성공하고 사랑하는 사람이 성실함을 입증하게 된다.
- 두려움은 행복을 상징하고 고통스러움은 즐거움을 상징한다.

🦋 뒷조사 당하는 꿈

- 자신 몰래 뒷조사를 하는 것을 알고도 자신은 아무 거리낌 없다면 영예와 행운 따른다. 만약 뒷조사하는 것을 알아차리고 마음에 걸린다면, 주변 사람을 조심해야 한다.

🦋 드라이브하는 꿈

- 이성과 함께 드라이브를 하거나 춤을 추거나 편지를 쓰거나 악수를 나누거나 산책을 하거나 말을 타는 꿈은 동거하려는 욕망이나 생각을 상징한다.

🦋 들판을 뛰어다니는 꿈

- 큰 손해나 실패를 하게 된다. 또는 뜻밖에 큰 사고가 생길 수 있다.

🦋 등대와 관련한 꿈

- 폭풍우 속에서 등대의 밝은 빛이 나타나는 꿈은 곤란과 비애에 빠진 나에게 따스한 구원의 손길이 다가와 번영과 행복이 다시 찾아올 것이다.

- 만약 앓아누운 사람이 이런 꿈을 꾸었다면 병이 곧 치유되고 건강 해진다.

🦋 등불을 보는 꿈

- 꿈에 나타난 등불은 지혜를 상징하며, 괴로움을 주는 원인을 해소하려는 의지나, 다른 사람의 심정을 헤아리려는 마음을 말한다.

- 조명 등이 깨진 꿈은 이미 보장되어 있던 성공도 그 결과를 알 수 없게 된다. 조명 등을 켜도 빛이 없다면 질병이나 유흥으로 미래를 망칠 수 있다.

🦋 따돌림을 당하거나 이간질 당하는 꿈

- 반대로 풀이되는 꿈이므로 사정은 그 반대의 방향으로 발전하여 친구와의 의리, 연인과의 사랑이 가득할 것이다.

🦋 딸기와 관련한 꿈

- 보통 태몽으로 탐스러운 딸기를 따는 꿈을 꾸게 된다.

- 대체로 생활이 즐겁고 원하는 바를 얻는다.

- 딸기를 먹는 꿈은 타인의 사랑에 보답하는 것이다.

- 딸기를 파는 꿈은 자신이 하는 일에 성공한다.

- 검은색 밭에 딸기를 보는 것은 나쁜 질병에 걸릴 징조로, 그 밭에서 딸기를 따서 먹었다면 재산상 큰 손실을 입게 된다.

🦋 땅과 관련한 꿈

- 땅이 움직이는 꿈은 승진한다.

- 지진이 일어나는 꿈은 질병이 생기거나 큰 사고를 당한다.

- 땅이 울퉁불퉁한 꿈은 병을 앓게 된다.

- 땅에서 검은 연기가 피어오르는 꿈은 불행을 당한다.

- 흙을 환으로 빚어 먹는 꿈은 금의환향한다.

- 몸이 땅속으로 들어가는 꿈은 모든 일에 있어서 대길하다.

🦋 떠드는 소리와 관련한 꿈

- 이간질로 인해 친구와 멀어지고 친한 사람과 다투게 된다.

- 만약 연애 중인 사람이 이런 꿈을 꾸었다면, 헐뜯는 말을 듣고 헤어진다.

🦋 떨어지는 물건과 관련한 꿈

- 몸에 떨어지는 물건을 피하는 꿈은 액운을 피하고 운이 트이게 된다.

🦋 똥 꿈

- 소변 꿈과 같은 의미로 통하는데 대체로 큰 이익을 얻게 된다.

- 예로부터 대변은 금전이나 재물, 행운을 상징하며 불가능을 가능하게 만들 수 있다.

- 그러나 현재는 그런 의미를 서서히 잃어가고 있다.

- 옛날 농촌에서는 똥, 대변이 유일한 비료였기 때문에 대변과 곡식의 관계는 돈과 사람의 관계와 마찬가지였다고 할 수 있다. 그래서 대변은 곧 금전이나 재물을 상징하는 것이다. 현재도 똥 꿈이 재물은 것은 오랜 학습에 의한 것이다.

🦋 뚱뚱해지는 꿈

- 자기가 판 구덩이에 자기가 빠지는 격으로 자신의 질투심으로 인해 욕을 보게 된다.

조상공양 시리즈 ④

조상님들의 금기사항禁忌事項(2)

3. 밤의 행동 금기

- 해가 지면 빨래를 하지 아니한다.

- 밤에 휘파람(혹은 피리)을 불지 아니한다.

- 해가 진 후 딸이 있는 집에서는 불을 빌려 주지 아니한다.

- 해가 진 후 빨래 방망이 소리를 내면 동네 젊은이가 죽는다.

- 밤에는 못을 치지 아니한다.

- 밤에 문을 바르지 아니한다.
- 밤에 방을 쓸지 아니한다.
- 밤에 머리를 감으면 시집갈 때 비가 온다.
- 아침에 꿈 이야기를 하지 아니한다.

4. 기타 금기

- 천둥치는 날 문지방에 앉지 아니한다.
- 베게를 깔고 앉지 아니한다.
- 머리를 북쪽으로 놓고 자지 아니한다.
- 깨진 거울을 보지 아니한다.
- 이사를 갈 때는 날을 가려서 간다.
- 대나무를 짚고 다니면 부모가 죽는다.
- 생존한 사람의 옷을 태우거나 찢지 아니한다.
- 집에 사는 뱀은 죽이지 아니한다.
- 6월 달에는 솜이불을 꿰매지 아니한다.
- 새고기를 먹으면 그릇을 잘 깬다.
- 괴팍한 사람이 돌 씹는다.
- 복숭아 나무를 집안에 심으면 귀신 붙는다.
- 숟가락 멀리 잡으면 시집 장가 멀리간다.
- 아침에 거미를 보면 재수있다.
- 저녁에 거미를 보면 재수없다.
- 해 빠지고 방 쓸면 복 나간다.

제 3 장
꿈풀이

🦋 마법에 홀리는 꿈

- 사업이나 가정에 근심이 생기고, 건강에도 문제가 발생하게 될 것이다.

🦋 마술과 관련한 꿈

- 변화를 상징한다. 믿었던 친구가 배신하여 다 들통난다,

- 사랑이 오래 지속되지 못하고 서로가 상황을 바꾸려 할 것이니, 상황에 순응하는 것이 바람직하다.

🦋 마시는 꿈

- 우유를 마시는 꿈은 유아기처럼 안전하고 의존적인 상태로 돌아가려는 마음을 나타내거나 누군가를 큰 아이처럼 취급하고 있음을 상징한다.

- 이런 의미는 자신이나 타인이 술에 취한 꿈에서 더욱 뚜렷이 나타난다. 술에 취한 사람은 자제력이 없고 오직 자기 자신밖에 안중에 없다. 마치 어른 아이처럼 의존적이다.

- 과일즙 같은 달콤한 음료수를 마시는 꿈을 꾸었다면 행운이 깃들 것이다.

- 찬물을 마시는 꿈은 몸에 열이 나거나 어딘가 불편 해진다.

🦋 마스크를 쓰는 꿈

- 연인이 마스크를 쓰고 나타나는 꿈은 변심과 배반을 상징하므로 겉으로는 사랑하는 척하면서 다른 사람을 사랑하고 있다.

🦋 마차를 타는 꿈

- 마차를 타고 있는 꿈은 병으로부터 점점 건강이 회복된다.

- 만약 마차를 몰고 있었다면 가난을 상징한다.

🦋 말(馬)과 관련한 꿈

- 꿈속에 나타난 말을 주로 사람을 나타낸다. 특히 힘 있는 남자를 상징한다.

- 여자가 꿈속에서 말을 보았다면 남자의 성적 능력에 끌렸음을 나타낸다.

- 야생마는 자유나 아무 약속도 받지 못한 상태를 나타낸다.

- 머리를 높이 치켜든 준마를 타고 있다면, 누구에게도 의존하지 않고 자신의 노력만으로 성공을 이룬다.

- 준마가 그를 팽개쳐 버리는 꿈은 크게 실패한다.

- 말 기수(驥手-말을 모는 사람)가 가까이 달려오는 꿈은 멀리 떨어져 있는 친구의 소식을 듣게 된다.

- 흰말이 보이는 꿈은 결혼을 상징하는데, 자신이 타고 있다면 결혼하게 된다.

- 검을 말을 보았다면 불안함, 죽음을 상징할 수 있다.

- 갑자기 무리에서 뛰쳐나온 말을 보았다면 병이나 의외의 사고로 다리를 다쳐서 장애자가 되거나 가까운 친구가 병을 앓게 된다.
- 말발굽에 채이는 꿈은 사랑을 잃고, 건강이 나빠져 좋은 기회를 잃게 된다.
- 말을 타는 꿈은 성욕을 상징한다.

🦋 말굽 쇠가 못쓰게 되는 꿈
- 질병, 마음, 불안 등 상징한다.

🦋 말다툼하는 꿈
- 건강이 별로 좋지 않고, 억울함을 당하고 있다.

🦋 말하는 꿈
- 누군가 큰 소리로 말하는 꿈은, 사생활을 간섭하여 법에 호소하게 된다.
- 누군가 자기를 비난할까 봐 걱정하는 꿈은 질병으로부터 위협을 받게 된다.

🦋 망치와 관련한 꿈
- 사업하는 사람은 발전하고 성공한다. 근로자가 이런 꿈을 꾸었다면 임금이 오르고, 안정된 자리를 의미한다. 여자가 이런 꿈을 꾸었다면 남편이 믿음직하고 부지런하여 가정에 흔들림 없다.

 매장(埋葬 시체를 땅에 묻음)과 관련한 꿈

- 매장하는 꿈은 사랑하는 사람을 마음에서 털어버리려 하거나 그 사람과의 감정이 이미 시들어 버렸음을 상징한다. 자신이 매장당하는 꿈은 지인들로부터 외면당하고 있음을 상징하거나, 지나치게 충동적인 행위를 스스로 징벌하려는 의지를 나타낸다.

 매화 열매와 관련한 꿈

- 푸른 매화 열매를 따는 꿈은 집안에 병이 발생한다.

- 잘익은 매화 열매를 따는 꿈은 길몽이다.

- 만약 땅에서 썩은 매화 열매를 줍는 꿈은 마음을 속이는 친구나 연인을 나타낸다.

- 만약 누군가가 나에게 잘 익은 매화 열매를 주어서 맛있게 먹었다면 마음이 통하는 반려자를 만나 행복한 가정을 이루게 된다.

 머리를 빗는 꿈

- 다른 사람의 머리를 빗는 꿈은 친구나 친척에게서 사망 소식이 전해진다.

- 자신의 머리를 빗거나 세수를 하는 꿈은 모든 일이 잘 풀린다.

 머리(頭)와 관련한 꿈

- 자신의 머리가 보이는 꿈은 혼란스러운 일들이 심신을 괴롭힌다

- 머리가 커지는 꿈은 크게 출세할 징조다.

- 머리가 아픈 꿈은 크게 승진하거나 좋은 일이 생긴다.

- 머리가 잘리는 꿈은 대길하다.

- 머리에 나무가 자라는 것은 낡은 것이 없어지고 새것이 들어온 다는 의미한다.

- 머리를 벽에 박으려 하는 꿈은 편두통의 징조일 수 있다.

- 톱으로 나무를 켜는 꿈도 편두통을 상징한다.

- 머리에 뿔이 돋는 꿈 자연 재앙이나 인위적인 재앙 또는 의외의 재앙을 당한다.

- 머리에 종기가 돋은 꿈은 부모, 윗사람과 다툼이 있다.

🦋 머리카락과 관련된 꿈

- 머리카락이 백발이 되는 꿈은 대길하고 장수한다.

- 머리카락을 자르는 꿈은 액운을 당할 것이다.

- 머리카락이 떨어지는 꿈은 자손들에게 불행이 생긴다.

- 부인이 꿈에 머리를 길게 드리우는 꿈은 외도가 의심된다.

- 남자가 머리카락 수가 자꾸만 적어지는 꿈을 꾸었다면 너무 청렴 하고, 인심이 좋아 생활이 날이 갈수록 궁색 해진다.

- 흰 머리카락이 나는 꿈은 몸이 좋지 않거나 사업이 불경기에 빠 지고 사랑이 식어간다. 또는 가족이나 친척의 사망 소식을 듣게 된다.

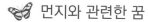 먼지와 관련한 꿈

- 먼지가 흩날려 아무것도 볼 수 없는 꿈은 사업이 곤경에 빠지고 가족이 뿔뿔이 흩어진다.

🦋 메뚜기가 보이는 꿈

- 나무 위에 앉은 메뚜기가 보이는 꿈을 꾸었다면 경쟁자가 위협하여 조만간 어떤 피해를 당할 것이다. 누렇게 말라버린 초지에서 메뚜기를 보았다면 질병이 생기고 계약, 거래에서도 손해를 보게 된다.

🦋 메아리와 관련한 꿈

- 자신의 메아리를 들었다면, 만족한 답변을 받거나 구혼이 받아들여진다. 역시 연락이 끊겼던 친구로부터 소식을 듣게 된다.

🦋 메추리와 관련한 꿈

- 대체로 나쁜 소식이나 가정의 분란을 상징한다. 연인의 트집으로 헤어질 위험이 있고, 친구인 척하면서 속마음이 다른 사람이 있음을 상징하기도 한다.

🦋 멜대(어깨에 메는 데 쓰이는 긴 나무나 대)에 어깨를 맞는 꿈

- 사경(斜頸:목이 비뚤어지는 병)증을 예시한다. 사경은 질병 중에서 경련성 사경에 속하며 외상으로 초래되는 것이 아니다.

🦋 모래바람 속을 걷는 꿈

- 흩날리는 모래바람 속을 걷는 꿈은 많은 유혹 속에 갇혀 있으면서도 지각하지 못하고 경솔한 행동으로 위험을 초래하거나 명성을 더럽히게 된다.

🦋 모발과 관련한 꿈

- 대머리를 보는 꿈은 다가올 난처한 상황이나, 혼란스러움을 암시한다.
- 남자의 경우 머리가 희어지는 꿈을 꾸었다면 애정을 갈망하는 것이다.
- 머리가 희어지는 꿈을 여자가 꾸었다면, 나이가 먹는 것을 싫어하는 것이다.
- 누군가 머리를 깎는 꿈은 꿈에 나타난 사람의 힘을 억제하려는 것이다.
- 여자가 머리를 깎는 꿈은 만나는 사람이 자기가 좋아하는 사람이 아님을 알면서도 그냥 만나는 꿈이다.
- 남자가 머리를 깎는 꿈은 남자에 대한 공포와 불안을 상징하는데 대개는 남자를 혐오하는 여성의 이런 꿈을 꾸게 된다.
- 수염을 보았다면 왕성한 정력이나 권력을 상징한다.

🦋 모살(謀殺 미리 계획하여 사람을 죽임) 하는 꿈

- 반항하지 않는 사람을 죽이는 꿈은 운명에 불행을 암시한다. 질병이 생기지 않으면 고통과 슬픔, 좌절이 평생 따르게 된다.

🦋 모욕당하는 꿈

- 대중 앞에서 지인 모욕당하는 꿈은 사랑한 사람과 헤어지거나, 지인으로부터 시작된 혼란과 괴로움이 생긴다. 이런 꿈은 서로 사이가 좋지 않을 때 나타난다.

🦋 모임과 관련한 꿈

- 주변 사람이나, 일하는 것도 성실하지도 않고, 친구 간에 신의를 저버린다.
- 사소한 오해로 사랑하는 사람이 크게 상처를 받게 된다.

🦋 모자와 관련된 꿈

- 꿈속에 나타난 모자는 모자 그 자체를 나타내기도 하지만 성(性)이나 남성을 상징하며, 자신의 머리나 얼굴을 감추려는 것은 현재 하고 있는 일을 다른 사람에게 알리고 싶지 않은 마음을 말한다.
- 다른 사람의 주의를 끌거나, 우위를 차지하려는 욕망을 상징하며, 혹은 위험에 직면할까 근심하거나 위험에서 자기를 보호하려는 의지를 상징한다.
- 모자를 잃어버리거나 누군가 자신의 모자를 벗겨버리는 꿈을 꾸었다면, 주위에 누군가 자신을 해치려 한다.
- 누군가가 자신의 모자를 벗겨 타인의 머리에 씌워 주는 꿈은 재산을 노리는 사람이 있음을 나타낸다.
- 모자가 바람에 날리는 꿈은 비밀이 누설될 것이다.

- 아주 멋진 모자가 쓴 꿈은 지나친 과시욕을 나타낸다.

- 아주 고운 모자를 쓰고 있는 여자가 남자의 꿈에 보였다면 그녀의 사랑을 얻게 된다.

- 반대로 남자가 모자를 쓰고 있는 꿈을 여자가 꾸었다면, 사랑하는 남자와 잠깐의 밀월을 즐길 수는 있다.

🦋 모험과 관련한 꿈

- 단조롭고 무료한 생활에서 벗어나 새로운 경지를 개척하려는 의지이다. 또한 아직 발굴되지 못한 재능이 있음을 나타내기도 한다.

🦋 목걸이와 관련한 꿈

- 화려하고 비싼 목걸이를 하고 있는 꿈을 꾸었다면 부자와 결혼하게 된다.

- 목걸이가 끊어져 목걸이 보석을 잃어버리는 꿈은 노년이 빈곤하다.

🦋 목구멍과 관련된 꿈

- 목구멍이 막혀 숨을 제대로 쉬지 못하고 소리도 나지 않는 꿈을 꾸었다면, 목감기에 걸리게 된다.

- 목구멍에 상처를 입어 통증을 느끼는 꿈은 수토(水, 土 - 여행이나, 이사 후 물, 환경)가 맞지 않아 건강이나 재산에 손실이 있게 된다.

🦋 목마가 보이는 꿈

- 회전하는 목마를 보았다면, 지인의 속임수에 당해 어쩔 수 없는 상황에 처하게 된다.

🦋 목소리와 관련한 꿈

- 귀에 쟁쟁거리는 소리를 들었다면 애잔함에 눈물을 흘린다.

- 만약 비애 섞인 목소리를 들었다면 즐거움을 나타낸다.

- 많은 사람들이 이야기를 나누는 목소리를 들었다면 기쁜 일이 생길 것이다.

🦋 목욕과 관련한 꿈

- 사람들과 함께 목욕하는 꿈을 꾸었다면 친구를 잘못 사귀어, 모독을 당하게 된다.

- 목욕을 하는데 물이 밑바닥까지 보이도록 깨끗하고 맑으면, 추진 중인 사업이 계획대로 잘 풀려 성공한다.

- 더러운 물에서 목욕을 했다면 경쟁자의 은밀한 공격을 당하거나, 다가올 불행을 암시한다.

- 따뜻한 물에 목욕하는 꿈은 불길한 징조이다.

- 차가운 물에 목욕하는 꿈은 건강 상태가 좋다.

- 과부가 목욕하는 꿈을 꾸었다면 전 남편을 깨끗이 잊어버리고 다른 사람의 사랑을 받아들이려 하는 것이다.

🦋 목을 매는 것과 관련한 꿈
- 자신이 목을 매는 꿈은 사회적 지위가 높아지고 생활이 풍족 해진다.
- 지인 중 누군가 목을 매는 꿈은 그 사람의 이름이 세상에 떨친다.

🦋 목이 잘리는 꿈
- 스트레스가 심해 정신병을 앓을 징조일 수 있다.

🦋 몸과 관련한 꿈
- 오장(五臟-간장, 심장, 폐장, 신장, 비장)이 흘러나오는 꿈은 크게 병을 앓거나 사망할 징조이다.
- 온몸이 땀을 흘리는 꿈은 직장, 친구 등 주변의 모략으로 함정에 빠지게 된다.
- 몸에서 병충이 떨어져 나가는 꿈은 중요한 직위에 오른다.
- 몸 위로 벌레가 기어 다니는 꿈은 병이 없어진다.
- 밧줄 등으로 몸을 묶는 꿈은 장수한다.
- 갑자기 살이 찌거나 여위는 꿈은 몸에 병이 침범할 징조다.

🦋 몸에서 열이 나는 꿈
- 사업이나 환경에 변화가 있다. 즉 부유했다가 한순간에 가난해질 수도 있다.
- 결혼을 앞둔 사람이 몸에서 열이 나는 꿈은 결혼이 깨어지게 된다.

몸이 두 동강나는 꿈

- 정신병이 이미 발병했음을 상징할 수 있다.
- 이런 꿈은 정신분열증 환자들의 독특한 꿈이다.

무당이 보이는 꿈

- 여자가 꿈에 무당을 보았다면, 자신을 무당에 비유하고 있음을 상징하고, 나이를 먹어 용모가 비루해 질까 근심하는 것이다.

무덤과 관련된 꿈

- 죽음을 두려워하거나, 반대로 바라기도 하며, 종말을 상징하기도 한다.
- 또 자신의 상처, 잘못, 약점 등을 '숨김'을 상징하고, 때로는 꿈에 나타난 무덤은 '편안함'을 상징하기도 한다.
- 항상 긴장하고 걱정이 많고 작은 일에도 두려움을 느끼는 사람이 열린 무덤 속으로 걸어 들어가 무덤 속 침대에 누워 근심, 걱정이나 두려움도 없이 편안하게 잠을 자는 꿈을 꾸었다면, 안정을 몹시 원하고 있는 것이다.
- 잡초가 무성하고 발길이 끊긴 공동묘지를 꿈속에서 자신을 보았다면 늙어서는 타인의 보살핌을 받게 될 것이다.
- 새로 생긴 무덤에 절을 올려 제를 지내는 꿈은 사업이나 건강 모두 위험을 받게 된다.

- 여자가 한밤중에 잘 곳을 찾다가 무덤 위에서 자는 꿈은 애인이 나 친구를 잃어 몹시 슬픔에 잠기게 되거나, 하는 일마다 실패를 하게 된다.

- 무덤 사이를 걸어가거나 자신의 무덤을 정해 놓은 꿈은 결혼을 하게 된다.

- 누군가와 함께 무덤을 부러워하는 꿈은 마음에 드는 아내를 얻게 될 것이다.

- 평범한 사람의 무덤을 살펴보는 꿈은 사업에 빨리 성공하게 된다.

- 무덤이 열리는 꿈은 절친한 친구나 친한 사람을 잃게 된다.

🦋 무릎이 보이는 꿈

- 갑자기 무릎이 커진 것 같은 느낌이 드는 꿈은 곧 액운이 닥칠 징조이다.

- 무릎에 상처를 입어 고통을 받는 꿈은 재난이 다가오고 있는 것이다.

- 무릎이 더러워진 꿈은 마음이 너무 공허하여 병이 생긴다.

- 무릎이 이상하게 생긴 꿈은 갑자기 운이 다하여 추진하는 일이 물거품이 된다.

🦋 무엇인가를 찾는 꿈

- 사람이나 물건을 찾는 꿈은 어떤 일을 해결할 방법을 찾거나 이미 잃었거나 잃게 될 사물에 대한 근심이다.

🦋 무죄 판결을 받는 꿈

- 피고석에 앉았으나 증거 불충분으로 무죄판결을 받는 꿈은 경쟁자가 완전히 사라져 버림을 상징하고 역시 진행하고 있든 일이 안정을 찾게 된다.

🦋 무지개를 보는 꿈

- 길조이므로 새의 무리에서 봉황이 될 것이다.

- 아름다운 무지개가 하늘 끝까지 뻗쳐 있는 꿈은 태몽으로 귀인을 낳을 징조이다.

- 무지개가 한가운데서 끊어진 꿈은 요절을 의미하는 흉몽이다.

- 빨간색의 무지개가 나타나는 꿈은 길하고, 검은 무지개는 흉하다.

🦋 무화과를 먹는 꿈

- 무화과를 먹는 꿈은 주변에 항상 근심과 걱정거리가 있다.

- 꿈에 본 무화과는 생식기 계통에 이상이 있음을 상징하는데 흔히 폐경(閉經)과 연관된다.

🦋 문둥병에 걸리는 꿈

- 자신이 문둥병에 걸리는 꿈은 병에 걸릴 징조이고 또 많은 재산을 잃고 가족, 지인에게 고통을 준다. 다른 사람이 문둥병에 걸리는 꿈은 자신의 미래가 뚜렷하지 않고 사랑하는 사람이 변심할 징조이다.

 물건을 어디에 놓아두었는지 모르는 꿈

- 물건을 어디에 놓아두었는지 모르거나 누군가를 외면하는 꿈은 미련 없이 물건이나 사람을 포기해 버림을 상징한다.

 물건의 흠을 찾아내려는 꿈

- 어떤 물건을 자세히 살펴보면서 한사코 흠집을 찾아내려는 꿈은 어떤 손실을 보게 되거나 질병이 생길 징조이다. 운수가 좋지 못하므로 아주 사소한 일에도 정신을 차려야 한다.

 물고기가 물에서 기포를 내뿜는 꿈

- 대상포진을 뜻한다. 바람만 스쳐도 아프다는 피부 표면에 나타나는 병으로 몹시 피곤할 때 나타나는 꿈이다.

 물고기가 보이는 꿈

- 재운이나 건강 운을 뜻한다.

- 큰 물고기가 놀거나 낚시에 걸리는 꿈은 명예와 이익을 얻거나 건강이 회복된다.

- 작은 물고기들이 무리 지어 노는 꿈은 가족, 지인 등과 화목하게 지내기를 바라는 것이다.

- 물고기를 손에서 놓쳐버리는 꿈은 사업, 친구, 사랑하는 사람을 잃게 된다.

🦋 물과 관련한 꿈

- 물 관련 꿈은 양면성이 있어 상황을 보고 해석하여야 한다. 출생, 재생, 생산 등을 상징하기도 하고, 불안, 노력을 상징하기도 한다.

- 물 위를 걷고 있는 꿈은 길몽으로 어떤 고난도 이겨내고 성공한다.

- 물 위에 서 있는 꿈은 언제 무슨 일이 발생할지 알 수 없는 불안한 상태다.

- 유유히 흐르는 물을 보는 꿈은, 신혼부부가 잘 꾸는 꿈이다.

- 물 위로 불이 솟아오르는 꿈은 재운이 대길하다.

- 스스로 물에 빠지는 꿈은 불행에서 벗어나지 못한다.

- 쉴 새 없이 물을 마시는 꿈은 크게 이익을 얻게 된다.

- 흐르는 물이 몸을 휘감는 꿈은 법정 다툼이 있다.

- 큰 물이 맑고 깨끗한 꿈은 길하다.

- 강이나 바다가 불어 들어 닥치는 꿈은 재운이 대길하다.

- 물이 거침없이 흐르는 꿈은 큰 재물을 얻는다.

- 그에 반하여 물통에 물이 말라 있는 꿈은 재운이 불길하다

- 다른 사람으로부터 큰 물통을 가져오는 꿈은 이익을 볼 것이다.

🦋 물과 비를 자주 보는 꿈

- 관절염과 관련된다. 몸에 양이 부족하면 음기가 성하게 되므로 병의 원인은 늘 비와 물이 꿈속에 나타나게 된다. 관절에 통증이 느껴지고 피부가 차며 맥박이 늘여지는 등의 증상이 나타난다.

🦋 물통을 보는 꿈

- 빈 물통이 보이는 꿈은 곤란을 당할 것이다.

- 물통에 물이 담겨 있는 꿈은 대길하다.

🦋 물 도랑이 보이는 꿈

- 지인의 생각이 저급하고 비도덕적이거나 천하다고 생각한다.

🦋 물에 빠지는 꿈

- 죽음을 나타낼 수도 있지만, 어린 시절의 가정의 안전함을 기대하는 것일 수도 있다.

- 지나친 사랑(모성애)에 대한 고통을 상징하거나 어려움에 짓눌린 불안감, 홀로 남겨질까 봐 근심하는 것이다.

- 배에서 떨어져 바다에 빠지는 꿈은 병을 앓거나, 사업의 실패를 나타낸다.

- 농부가 이런 꿈을 꾸었다면 가축이 병들게 된다.

- 항상 깊은 물에 빠져서 구원을 요청하는 꿈은 하고 있는 사업, 현재의 환경에서 극복할 수 없는 곤경에 처하거나, 크게 손해를 보는 것을 암시한다.

- 물에 빠진 자신을 누군가가 구해주는 꿈은 타인에 의존하고, 정을 기대한다.

- 타인이 물에 빠진 것을 보는 꿈은 걱정거리가 생기거나 마음속으로 동요하게 된다.

- 억수로 쏟아지는 빗속을 흠뻑 젖은 채 달리다가, 물에 잠겨 버리는 꿈은 병이 생기거나, 계획하고 노력하는 일이 처음부터 잘못됐다는 것을 말한다.

🦋 물에 젖는 꿈

- 다른 사람이 던진 물에 몸이 젖는 꿈은 마음에 근심이 생긴다.

🦋 물을 건너는 꿈

- 맨발로 맑은 물을 건너는 꿈은 현재의 생활과, 주변 사람에 만족한다는 것이다.

- 흐린 물을 건너는 꿈은 유행성 병에 감염되거나, 고통스러운 일이 주위에서 일어나고 있을 것이다.

🦋 물을 보는 꿈

- 물은 그 종류가 많기 때문에 그에 따라 상징적인 의미도 다르다.

- 물을 어떻게 해석할 것인지는 상황을 잘 분석해야 하며, 꿈 풀이를 할 때 물은 우선 생명력의 상징이다.

- 샘터에서 물을 마시는 꿈은 현재의 상황이 즐겁고 행복하다.

- 그러나 그 물이 혼탁했다면 괴로움을 말한다.

- 갈증이 나는데 물을 찾을 수 없는 꿈은 도움 없이 자신의 힘으로 여러 가지 시련을 이겨내야 한다.

- 갈증을 호소하는 사람한테 물을 가져다주는 꿈은 동정심이 많아서 필요하면 누구든 유쾌히 도와준다.

- 땅이 갈라지고 초목이 시들어 버려, 물을 끌어 대더라도 터무니없는 부족한 꿈은 몸이 쇠약하여 아무리 약을 먹어도 효력이 없다.

- 물은 때로 여성을 상징하기도 한다.

- 나뭇잎 없이 맑고 푸른 호수가 있어 즐겁게 헤엄치는데, 호수에 뛰어들려는 사람이 있는 것을 보고 불쾌 해하는 꿈은 호수로 상징된, 자신이 좋아하는 여자를 다른 남자들이 넘보고 있는 것을 기분 나쁘게 생각하는 것이다.

- 연못 속에서 뱀 한 마리가 헤엄치고 있는 꿈은 뱀은 남성의 성기를 상징하는 것이고 못은 여성의 성기를 상징한다.

- 물은 또 어떤 잠재의식을 상징하기도 한다.

- 어떤 물건이 물에 잠기거나 밀려 떠내려가는 꿈은 그 물건을 기억에서부터 잊어버렸음을 상징하지만, 망각된 물건이 그냥 소실된 것은 아니고 마음속 깊은 곳에서 자리하고 있음을 말해준다.

- 물에서 어떤 물건을 건져내는 꿈은 정신적으로 어떤 생각이나, 깨달음을 상징한다.

- 보물 같은 것을 건지는 꿈은 정신적 재물을 얻게 된다.

- 물에서 좋은 칼을 건지는 꿈은 정신적으로 용기와 힘을 얻는다.

- 차가운 물을 건너거나, 쏟아지는 빗속을 가는 꿈은 병이 걸리거나 관절염을 앓게 된다.

- 목이 말라 물을 마시는 꿈은 물 그 자체를 나타낼 수도 있지만, 꿈에 따라 다른 어떤 의미를 나타내기도 한다. 여학생의 컵으로 물을 마셨다면 연애를 하고 싶어 하는 것이고, 사업하는 사람이 물을 마시면 풀리지 않든 일이 해결된다.

🦋 물이 역류하는 꿈
- 물이 아래로 흐르는 것이 정상적이지만 역류하는 것은 비정상적인 것이므로 이 꿈은 신체 기능에 위해가 되는 현상, 즉 질병을 상징이다. 또 어떤 비정상적인 요소가 작용함을 뜻한다.

🦋 미나리가 시들어 버린 꿈
- 집안에 부고가 있다.

🦋 미로(迷路)와 관련한 꿈
- 길을 잃고 헤매는 꿈은 백일몽(헛된 꿈)을 상징하므로 타인의 은혜를 바라지 말고 자신의 노력으로 앞날을 개척해야 한다.

🦋 미용사와 관련된 꿈
- 미용사에게 머리를 하는 꿈은 용모의 아름다움에 각별한 관심을 가지고 있으며 좀 더 매력적이고 아름답기를 바라는 마음이다.

- 미용사를 찾아가는 꿈은 자신의 외도와 관련된 소문이 지인들 사이에서 떠들썩하게 한다. 만약 여자가 이런 꿈을 꾸었다면 가정 파탄을 암시한다.

- 여자가 머리를 염색하는 꿈은 나쁜 사람의 꼬임에 빠질 수 있음을 경고한다.
- 여자가 머리를 깎는 꿈은 남자와 외도를 위해서는 어떤 짓이든지 저지를 수 있음을 상징한다.

🦋 미움과 관련한 꿈
- 미움을 사거나 환영을 받지 못하고 몹시 괴로워하는 꿈은 경쟁자로 인해 피해를 입게 된다.
- 괴로움 대신 멸시하는 눈길을 던지는 꿈은 마침내 경쟁자를 이기게 될 것이다.

🦋 미치는 것과 관련한 꿈
- 길몽이므로 건강하게 장수하고 가정이 행복하다.

🦋 민둥산 산마루가 보이는 꿈
- 배고픔, 질병에 시달림을 받게 된다.
- 남자가 이런 꿈을 꾸었다면 머리가 빠져 대머리가 될 징조다.

🦋 면사포를 쓰는 꿈
- 자신의 속마음을 밝히고 싶지 않을 때 나타나는 꿈이다.
- 또는 다른 사람으로부터 주목받지 않기를 바라는 마음이다.

대장군방大將軍方 이란

보통 대장군방도 이사에 관련된 흉살방위凶殺方位다라고 알기 쉬운데, 대장군은 이사와는 무관한 동토(통티, 동투)를 주관하는 신神입니다. 그러므로 건물의 증축이나 개축, 신축등에 있어서 물건이나 흙을 다룰 때에 흉작용을 주관하는 신인 것입니다.

그러므로 대장군방에 해당하는 곳은 건들지 않는 것입니다. 해당년도의 오행五行의 기운을 더욱 강하게 만들어 살기殺氣가 생기게 하는 의미입니다. 예컨대 인묘진寅卯辰년인 호랑이해, 토끼해, 용해이면 목기운木氣運인데, 북쪽에 대장군방위가 있어 북쪽의 수기운水氣運이 수생목水生木(물이 나무를 생함)으로 목기운木氣運을 더욱 강하게 만드는 것입니다. 대장군 방위는 3년마다 바뀌는데, 알기 쉽게 도표로 나타내 보면 다음과 같습니다.

〈대장군 방위 조견표大將軍 方位 早見表〉

십이지지 해당 년도	대장군방위
호랑이해, 토끼해, 용해 인묘진寅卯辰년	북쪽방향은 건들지 않는다.
뱀해, 말해, 양해 사오미巳午未년	동쪽방향은 건들지 않는다.
원숭이해, 닭해, 개해 신유술申酉戌년	남쪽방향은 건들지 않는다. (화(火)기운, 토(土)기운은 한 몸이다)
돼지해, 쥐해, 소해 해자축亥子丑년	서쪽방향은 건들지 않는다.

예) 병술丙戌년 개해에 집을 수리하려고 합니다. 십이지지 해당년도를 보니 좌측난의 신유술申酉戌년인 원숭이해, 닭해, 개해에 해당하여 그대로 우측을 보니 남쪽이 대장군방이라 남쪽의 집수리는 하지 않았습니다.

제3장 꿈풀이

ㅂ

🦋 바구니가 보이는 꿈

- 바구니에 물건이 가득 담긴 꿈은 어떤 일의 성공을 상징한다.

- 빈 바구니가 보이는 꿈은 불만족과 슬픔을 상징한다.

🦋 바나나가 보이는 꿈

- 꿈에 나타난 바나나는 남자의 성기를 상징한다. 만약 남자가 꿈에 바나나를 보았다면 자신의 성기에 대해 불 만족하고 있다.

- 만약 바나나 덩어리를 보았다면 여자의 외도가 의심된다.

- 바나나를 사는 꿈은 현재 하는 일에서 아무런 이익도 얻을 수 없을 것이다.

🦋 바다를 보는 꿈

- 꿈에 아름다운 바다를 보면 좋아하는 사람에게 프러포즈할 기회가 있다.

- 파도가 사나운 바다를 보면 마음에 없는 사람이 고백으로 난처한 상황이 발생한다.

- 해변이 보이는 꿈은 타인의 오해를 사거나 좋지 않은 소문이 생긴다.

- 폭풍우가 휘몰아치는 바다를 보면 부주의로 인한 질병, 사고로 어려움을 겪게 된다.
- 바다와 관련한 사물을 보면 선물이나 혜택을 받게 된다.
- 바다에 떠 있는 배를 보았다면 먼 곳으로부터 기쁜 소식을 듣게 된다.

🦋 바다에 파도가 이는 꿈
- 파도가 무질서하게 이는 꿈은 생사의 갈림길에서 헤매게 된다.
- 파도가 이는 바닷물이 깨끗하다면 어려운 고비를 무난하게 넘을 수 있다.
- 바닷물이 혼탁하면 생명이 위태로울 것이다.

🦋 바라(국악기 중, 금속으로 만든 타악기) 소리를 듣는 꿈
- 바라 소리가 들리는 꿈은 집안에 어른의 사망 소식을 듣게 된다.

🦋 바람과 관련한 꿈
- 바람에 모자가 날아가는 꿈을 꾸었다면 불미스러운 일이 드러나게 된다.
- 강풍이 모든 것을 쓰러뜨리는 꿈은 새로운 시작을 상징한다.
- 미풍이 부는 꿈은 전진과 기대와 충실함을 상징한다.
- 바람에 몸이 날려 춤을 추거나 자신이 바람이 되는 꿈은 마음이 경박하다.

- 싸늘한 바람이 불어오는 꿈은 상사(喪事-사람이 죽은 일)가 나거나 병을 앓게 될 것이다. 그러나 그 후로 운수가 트일 것이다.
- 휘몰아치는 폭풍우가 보이는 꿈은 자신의 죽음을 암시한다.
- 바람이 몸을 스치는 꿈은 질병이 생긴다.

🦋 바이올린 소리를 듣거나 켜는 꿈
- 먼 곳으로부터 좋은 소식을 듣게 된다. 사랑하는 사람과 결혼이 원만하고, 건실한 아이가 생기게 된다.
- 곡을 선택하고 바이올린을 켜는 꿈은 멀지 않아 곧 결혼하게 될 것이다.

🦋 박쥐가 나타나는 꿈
- 불길한 징조로서 윗사람의 핍박으로 불행에 빠질 수 있다.
- 박쥐 한 마리가 공중을 날아다니는 꿈은 경쟁자가 있음을 상징한다.
- 낮에 날아다니는 박쥐는 대수로울 것이 없지만 밤중에 날아다니는 박쥐는 신변에 위험이 있음을 상징한다.
- 연애를 하고 있는 사람이 이런 꿈을 꾸었다면 경쟁자를 암시한다.
- 꿈에 본 박쥐가 악하고 흉하다면 부모에게 상처를 입히거나 사망할 징조이다.
- 흰 박쥐를 보았을 경우에는 지인의 사망을 상징한다.
- 어린이가 꿈에 박쥐를 보았다면 자신의 사고를 상징한다.

🦋 반지와 관련한 꿈

- 결혼한 여자가 손에 끼었던 반지를 잃어버린 꿈을 꾸었다면, 남편의 주변 가까운 여인자와 바람을 피우고 있다.

- 약혼반지가 끊어지는 꿈은, 결혼에 시끄러운 일이 생길 것이다.

- 반지가 너무 작아 손가락을 조이는 꿈은 남편, 남편의 가족 중 병을 앓게 된다.

- 누군가가 손가락에 반지를 끼워 주는 꿈은 사랑하는 사람과 만나게 된다.

- 여자가 꿈에 결혼반지를 보았다면, 부부가 서로 의가 맞지 않아 사이가 벌어졌을 때 주변 사람들은 모두 자기 편을 들어주지만 천청부모만 자신의 편을 들어주지 않는다.

- 결혼반지가 두 동간 깨져 버리는 꿈은, 결혼 전 불화가 잘 마무리된다.

🦋 발걸음 소리가 들리는 꿈

- 질병 꿈의 하나로 고혈압이 발병한다.

🦋 발과 관련한 꿈

- 남성의 성기를 상징하는데, 발목이 골절되거나 절단된 꿈은 좌절을 상징한다. 남성인 경우 성 기능 감퇴를 근심하는 것이다.

- 발걸음이 무겁고 발이 잘 움직이지 않거나, 발에 족쇄를 차서 움직일 수 없는 꿈은 속박당하는 것을 뜻한다.

- 발에 크게 차일 뻔한 꿈은 곤란한 일을 겪게 될 것이다.

 밤(栗-먹는 밤)과 관련한 꿈

- 보통 태몽으로 잘 익은 밤은 품에 앉는다.

- 젊은 여자가 밤을 먹는 꿈을 꾸었다면, 살뜰히 보살펴 주는 남편과 남들이 부러워할 만한 재산도 있다.

- 밤을 먹는 꿈은 고진감래를 상징한다.

- 밤을 치는 꿈은 사업상 손실을 보게 된다.

밤(夜-저녁)과 관련한 꿈

- 연애 중인 남녀가 밤 산책을 하는 꿈은 그중 한 사람의 사고를 암시한다.

밤나비가 보이는 꿈

- 회사에서 경쟁자의 모함으로 자리가 흔들리거나, 오너일 경우 성실하지 못하고 충성하지 않는 직원이 회사에 손해를 입힐 것이다.

- 연애 중인 남녀일 경우 주변에서 상대의 나쁜 말을 듣고 다투거나 헤어짐.

방석에 앉는 꿈

- 금빛 주단 방석에 앉는 꿈은 좋은 자리로 승진 또는 이직한다.

- 낡아빠진 초라한 방석에 앉는 꿈은 질병이 생기게 된다.

🦋 밭갈이와 관련한 꿈

- 젊은 여자의 꿈속에 젊은 남자가 밭을 갈고 있는 꿈을 꾸었다면, 미래의 남편의 부지런하고 성실하며 자신의 노력으로 성공한다.

- 젊은 남자가 꿈에 자신이 밭 가는 것을 보았다면 부지런히 노력하여 원하는 일을 성취한다.

🦋 배(船)가 보이는 꿈

- 수면이 고요하고 하늘이 맑고, 순조롭게 항해하는 꿈은 많은 복이 내린다.

- 물이 혼탁하고 파도가 사나운 바다 위에 배가 가랑잎처럼 위태롭게 떠 있는 꿈은 불안한 마음이나 불쾌한 일로 번뇌하고 앞으로 벌어질 일에 성공할 확신이 없다.

- 갑자기 물속에 떨어지는 꿈은 재난을 당하거나 연인에게 대단히 실망한다.

- 만약 쪽배가 갑자기 뒤집어진다면 질병이 몸을 괴롭힐 것이다.

- 조난당한 배를 보았다면 자유와 자립을 상징할 수도 있다.

- 배로 강을 건너는 꿈을 꾸었다면 인생의 새로운 여정을 상징한다.

🦋 배(복부)가 보이는 꿈

- 건강하지 못한 어린아이의 굶주린 배를 보는 꿈은 전염병에 걸릴 징조이다.

- 복부에서 피가 흐르는 꿈은 가족에게 좋지 못한 일이 생긴다.

배우, 연예인, 영웅을 보는 꿈

- 어떤 상대에 대한 흠모, 두려움 내지 숭배하는 마음을 상징한다.

- 여자 연예인한테 거절당하거나, 남자 연예인과 승부에서 패하는 꿈은 자신이 경쟁자와 도저히 이길 수 없는 연약한 존재라고 생각한다.

- 인기 스타와 함께 파티를 즐기는 꿈은 그 스타에 대한 동경을 상징한다.

- 자신이 꿈에 배우였다면 주변의 의심과 질투로 추진하는 일들이 잘 풀리지 않는다.

- 꿈에 영웅을 보았다면 강렬한 권력욕을 상징하며, 일에 대한 열정을 나타낸다.

- 또한 지나친 간섭으로 다투거나 시끄러워진다. 이때 너무 조급하게 서두르면 진행 중인 일들이 실패할 수 있다.

백사장을 걷는 꿈

- 백사장을 걷거나, 보는 꿈은 가까운 지인의 사망으로 인해 자신이 손해를 보게 된다. 만약 모르는 사람이 자신을 해안에서 끌어내는 꿈은 재산상 손해를 면한다.

백치(지능이 아주 낮은 사람)가 나타나는 꿈

- 새로운 파트너와 우정을 나누고 거기에서 이득이 있음을 상징하거나, 재능이 출중한 사람과 결혼하게 된다.

- 자신이 백치인 꿈은 앞으로 어떤 일을 하든지 경쟁력이 있음을 나타낸다.
- 어린 백치를 보았다면 생활에 변화가 생기고, 궁색 해져 마음이 불편 해진다.

🦋 백 학을 보는 꿈
- 백 학이 북으로 날아가는 꿈은 불황을 상징한다.
- 백 학이 남으로 날아갔다면 모든 것이 잘 풀어진다.

🦋 뱀 꿈
- 꿈에 뱀은 자신을 해치려 하는 사악한 경쟁자를 상징하며, 뱀을 잡아서 잘라 죽이는 꿈은 모든 경쟁자를 물리치고 사랑, 결혼, 사업에 모두 성공한다. 만약 많은 뱀을 보았다면 계획 중인 일이 성공하거나, 돈이나 재물을 얻게 된다.
- 뱀에게 물리는 꿈은 질병에 생길 징조이며, 독사를 보는 꿈을 자주 꾼다면 피부에 포진(疱疹-피부에 수포가 생기는 병)이 생길 것이다.
- 꿈에 나타난 뱀은 성욕, 정력, 남성의 성기를 나타낸다.
- 여자가 뱀에게 물려 피를 흘리는 꿈을 꾸었다면 남자가 자신을 범하거나, 마음에 상처를 받는다.
- 독사는 흔히 강간과 같이 강제로 행한 성관계를 상징한다. 그러나 경우에 따라 독사나 뱀은 성과는 무관하게 상해(傷害-몸에 상처를 내 해를 입힘)를 상징하거나 혹은 증오하는 마음을 상징하기도 한다.

- 고대 중국에서는 뱀을 성물(聖物)로 여겼는데 복희씨와 여와씨의 형상은 사람 머리에 뱀의 몸뚱어리로 이루어져 있다. 신화에서도 용이나 뱀은 굴속의 보물을 지키고 있는데 이 보물이 바로 지혜이며 인성에 대한 통찰력이다.

- 사람들의 꿈에서도 뱀은 아주 드물게 지혜를 상징한다. 다만 꿈을 꾼 사람이 심리 충돌이 있거나 심각한 생각을 할 때만 지혜를 상징하는 뱀을 꿈으로 볼 수 있다.

- 생리적으로 뱀은 척추를 상징할 수 있으니 척추를 다치거나, 허리에 상처를 입은경우 뱀을 꿈에 볼 수 있다.

- 만약 꿈에 자신이 뱀으로 둔갑했다면 성욕을 상징한다. 음양오행설에서 뱀은 음과 불에 속한다.

- 만약 연애 중인 사람이 이런 꿈을 꾸었다면 질투와 사악함, 음모로써 자신을 해치려는 라이벌이 있다.

🦋 버드나무를 보는 꿈
- 여행 중에 사고가 발생할 수 있고, 친구의 위로를 받게 된다.

🦋 버림받는 꿈
- 자신이 지인을 버리는 꿈을 꾸었다면 불길한 꿈으로서 머지않아 우정이나 사랑을 잃게 되고 도저히 회복할 수 없다.

- 반대로 지인에게 버림받는 꿈을 꾸었다면, 지인의 배신으로 일이 급변한다.

🦋 버섯과 관련한 꿈

- 버섯을 먹는 꿈은 병에 걸린다.

- 버섯을 고르는 꿈은 재산을 모으게 된다.

🦋 번개를 보는 꿈

- 추진하고 있는 일, 현재의 위치에서 퇴보함을 상징한다.

- 선원이 이런 꿈을 꾸면 배가 침몰할 위험이 있다.

- 번개에 폭풍, 뇌우(雷雨), 우박 등을 동반한 꿈은 불길한 징조이다.

🦋 벌에 쏘이는 꿈

- 누군가 미워하거나, 손실을 상징한다.

🦋 벌레가 나타나는 꿈

- 꿈에 나타난 벌레는 귀엽지 않은 아이나 반갑지 않은 친구를 상징한다. 어린아이를 키우기에 지친 사람이나, 만남을 거절할 수 없는 사람을 만나야 할 때, 벌레가 무리 지어 날아다니거나, 벌레를 보게 된다.

- 입으로 벌레를 뱉는 꿈은 길몽으로서 질병과 같은 나쁜 것을 체외로 내버림을 뜻한다.

- 벌레를 보거나, 기르고 있는 꿈은 건강이 좋지 못하고, 운영 중인 가게, 사업도 경기가 좋지 않음을 상징한다.

- 많은 점 벌레들이 보이는 꿈은 비문증(飛蚊症-눈앞에 검은 점들이 날아다니는 병)으로 겉으로 보면 아무런 증세가 나타나지 않으나, 밝은 환경에서 눈앞에 검은 점이나 검은 그림자들이 수없이 날아다니는 것이 마치 날 파리 같고, 여름에 물웅덩이를 지날 때 많은 작은 벌레가 날아드는 듯한데 실제로는 아무것도 없다. 비문증은 기력이 쇠잔하거나, 불안정한 심리 변화로 나타나므로 초조한 마음을 차분히 진정시켜는 것이 중요하다.

벌집이 보이는 꿈
- 위궤양에 걸렸을 가능성이 높다. 이때의 벌 집은 위(胃)의 상징물이다.

범죄자와 관련된 꿈
- 범죄자가 되는 꿈은 자기의 어떤 행위나 욕망이 틀림없이 벌을 받게 된다고 생각한다. 또는 도저히 빠져나올 수 없는 일이나 관계로 인해 감금의 징벌을 받게 된다고 생각한다. 때로는 주변인들로부터 관심을 받고 자하는 마음이기도 하다.
- 자기가 죄인이 되거나 법정에 피고로 나서는 꿈은 스스로 죄의식을 가지거나 그렇게 해서는 안 된다고 인정하는 것이다.
- 다른 사람이 범죄인이 된 꿈은 타인의 잘못된 행위를 비판하는 것이다.

 법관과 관련한 꿈

- 법관 앞에 불려 세워진 꿈은 어떤 사건에 말려들거나 송사를 당함을 뜻한다. 만약 법관이 무죄로 판결한 꿈은 반대로 유죄로 벌을 받게 된다.

- 추궁 받는 꿈은 답변에 성공하여 경쟁자를 이긴다.

법정이 보이는 꿈

- 자기의 언행으로 인해 다른 사람으로부터 질책을 당할까 봐 걱정하는 것이다.

벙어리가 되는 꿈

- 멋스러운 마음가짐에 많은 보답이 있을 것이다.

- 영화관에서 무언극을 관람하는 꿈은 사기를 일삼는 무리 속에서 생활하고 있는 것이다. 친구 앞에서 좋은 말만 하는 사람들이 뒤에서는 온갖 방법을 동원하여 해치려 하고 있을 것이다.

베란다와 관련한 꿈

- 이별한 지 오래된 친구로부터 좋지 않은 소식을 듣게 된다.

- 만약 연애 중인 사람이 베란다에서 친구와 이별의 악수를 나누는 꿈을 꾸었다면 서로 오랫동안 멀리하거나 마침내 헤어지게 된다. 만약 부부가 이런 꿈을 꾸었다면 이혼하게 될 것이다.

🦋 벼랑을 보는 꿈

- 벼랑 가에 있는 꿈은 그전에 겪었던 공포나 불안이 다시 재연되고 보호 의식과 저항력을 높이게 된다.

- 벼랑을 바라보는 꿈은 어려움이나 위험에 봉착하게 된다.

- 벼랑 위로 뛰어오르는 꿈은 어려움을 극복하려는 의지를 나타내는 것이다.

🦋 벼룩이 보이는 꿈

- 곤경에 빠지고 시끄러운 일이 생길 징조이며 경쟁자에 의해 피해를 입게 된다.

- 사업이 잘 안되고 친구나 연인이 변심한다. 그리고 그냥 흘려버리면 병이 생긴다.

🦋 변형과 관련한 꿈

- 모든 것의 색깔이 짙고 과장되며 사람들의 얼굴이 서로 엇갈려 이상하게 변하고 주변 세상이 황당한 해지는 꿈은 꿈꾸는 사람이 잠재적으로는 성공할 수 있는 고도의 예술적 상상력과 창조적인 재능이 있지만, 생활 속에 묻혀 있음을 상징한다.

- 그리고 현재의 자신의 잠재적인 재능을 남김없이 발휘할 수 있는 직업을 가지고 있지 못하며, 선택하지 못하고 있음을 말해준다.

- 언젠가 사람을 놀라게 하는 창조적인 작품을 세상에 발표할 때 새로운 생활이 시작되고 참신한 미래가 약속될 것이다.

🦋 별과 관련한 꿈

- 별을 바라보며 향을 올리는 꿈은 대길하다.

- 별이 떨어지는 꿈은 병이 몸을 침범하거나 관사(官事-관청에 관계 되는 일)가 있을 것이다.

- 별이 줄을 짓는 꿈은 따르는 자가 많다.

- 유성(流星)이 떨어지지 않는 꿈은 집, 직장, 자리를 옮기게 될 징 조이다.

🦋 별자리를 보는 꿈

- 노력으로 계획한 것이 크게 성공하게 될 것이다.

- 자신의 성좌(星座-별자리)를 보면 마음에 상처를 입고 병이 생긴다.

🦋 볏짚과 관련 꿈

- 볏짚과 같은 마른 풀이 보이는 꿈은 좋은 일, 수확, 이윤 등을 상 징한다.

- 짚을 묶고 있는 꿈은 사업운이 좋아질 징조이다.

- 짚을 실은 차가 지나가는 것이 보이는 꿈은 영향력 있는 사람을 알게 되어 골치 아픈 문제가 해결이 된다.

- 창고에 짚 갈이를 쌓는 꿈은 도와주었던 사람들에게서 보답을 받 게 된다.

- 또는 사회적 지위 향상을 상징하기도 한다.

🦋 병(瓶)과 관련한 꿈

- 꿈에 술이 가득 들어 있는 병을 보았다면 큰 재산을 얻게 된다.

- 속이 빈 병은 경쟁자가 자신에게 치명상을 입힐 수 있는 비밀을 손에 쥐고 있다.

- 병에 들어 있는 술을 마시는 꿈은 누군가 해코지할 생각을 갖고 있다

- 코르크 병 마개를 눌러 넣는 꿈은 큰 재산을 얻어 잔치를 하게 된다.

- 병 마개를 따는 꿈은 친구가 찾아온다.

🦋 병(病)과 관련한 꿈

- 병에 걸리는 꿈은 사업에 대한 걱정과 불만을 나타낸다.

- 부모가 병이 든 꿈은 근심이나 불만으로 계획하든 일을 중단하는 것을 뜻한다.

- 만약 병자가 병을 앓고 있는 꿈은 병이 호전되는 것을 뜻한다.

- 젊은 부부가 꾸었다면 부부 사이에 서로 충실하지 않음을 상징한다.

- 송사를 하는 사람이 이런 꿈을 꾸었다면 불길한 징조이다.

- 몹시 앓는 꿈을 젊은 여자가 꾸었다면 일생 동안 독신으로 지낼 것이다.

 병원과 관련한 꿈

- 병원에 병자가 보이는 꿈은 주위에 전염병이 돌고 피해를 입게 된다.

- 병문안 하러 가는 꿈은 대범하고 선량한 마음이 있음을 상징하며, 승진하거나 소식이 끊어졌던 친구에게서 소식을 접하게 된다.

- 병원을 떠나는 꿈은 건강을 회복하게 된다.

🦋 보석을 받는 꿈

- 일상생활에서 보석을 주거나 받았다면 사랑을 주고받음을 상징하는데 꿈에 나타난 보석도 이와 의미가 같다. 재산이 많고 부유하며 금전이나 경제적인 보장에 대한 대단한 관심을 상징하기도 하지만 정혼, 결혼, 등과 관련하여 사랑하는 마음이나 사랑을 받으려는 욕망을 상징한다.

- 사랑하는 사람과 화려한 보석들을 세어 보는 꿈은 건강한 아이가 많음을 뜻한다.

- 사랑하는 사람으로부터 보석을 받는 꿈을 꾸었다면 두 사람의 궁합이 아주 좋고 가족과 친구들도 모두 기뻐할 것이다.

- 보석 선물을 잃어버리는 꿈은 결혼에 대한 욕망이 지나침을 나타낸다.

🦋 보슬비가 내리는 꿈

- 행운이 깃들일 징조이다.

🦋 보일러가 파손된 꿈

• 하고 있는 일이 관리가 잘 안되거나 타인에 의해 피해를 당한다.

• 여자가 꿈에 지하에 내려가 보일러를 보았다면 질병에 걸리거나 손해를 당한다.

🦋 봉황을 보는 꿈

• 꿈에 나타나는 봉황은 대체로 성을 상징한다.

• 만약 남자가 꿈에 하늘을 훨훨 나는 봉황을 보았다면 사랑하는 여자를 봉황에 비유한 것이다.

🦋 부두와 관련된 꿈

• 해변 도시의 부둣가에서 있는 꿈은 좋은 소식이 온다.

• 어두운 밤에 혼자 부둣가를 거니는 꿈은 모르는 사람으로부터 공격을 받는다.

🦋 부딪쳐 부서지는 꿈

• 달리던 자동차가 무엇인가에 부딪쳐 조각나거나, 자신을 향해 덮쳐오던 비행기가 갑자기 무엇인가에 부딪쳐 조각나면서 불이 붙는 꿈은 흔히 신경이 예민한 사람이 이런 꿈을 꾸게 되는데 걱정이 지나쳐 생겨나는 꿈이다.

🦋 부엉이가 보는 꿈

- '부엉이처럼 박식하고 총명하다'는 말이 있다. 꿈에 나타난 부엉이는 이성(理性)을 상징하는데, 지혜에 대한 갈망을 뜻한다. 자신은 별로 똑똑하지도 못하다는 생각을 하고 있어 좀 더 총명하고 지혜롭기를 바란다.

- 부엉이는 밤에 활동하는 새이므로 꿈에 나타난 부엉이는 영혼이나 사망을 상징하기도 한다.

🦋 북소리가 울리는 꿈

- 북소리와 함께 음악이 울리는 꿈은 혼란스러운 일이 발생하거나 가정에 풍파가 생긴다.

🦋 북두칠성과 관련한 꿈

- 하늘에 올라 북두칠성의 문 앞에 서 있는 꿈은 죽음을 상징할 수 있다.

🦋 분노와 관련한 꿈

- 피해의식을 상징하거나 환경에 대한 불만, 지나치게 자존심이 강하다.

🦋 분수(噴水 – 물을 뿜어내게 되어 있는 설비) 등이 나타나는 꿈

- 남자가 꿈에 분수, 높은 산, 사과나 둥근 베란다 등을 보았다면 이는 여자의 유방을 상징하고, 성에 대한 관심을 나타낸다.

🦋 분필과 관련한 꿈

- 여자가 꿈에 분필로 얼굴을 칠했다면 이성의 호감을 사려는 것이다.

- 칠판에 분필로 글을 썼다면 명예를 얻게 된다.

- 아무 물건에나 분필을 칠하거나 손에 한 줌 가득 쥐고 있었다면 뜻밖의 일이 생긴다.

🦋 불 관련 꿈

- 꿈에서 불이나 화재는 어떤 욕망을 상징한다. 고금(古今)의 사례로 판단하면 불이나 화재는 성(性)을 상징하기도 하지만 그보다는 사업, 금전, 질병과 많이 관련된다.

- 화재로 화상(火傷)을 입는 꿈은 머지않아 기쁜 일이 생긴다.

- 불을 지피거나 화롯불을 일구는 꿈은 재물을 잃거나 지출이 늘어날 것이다.

- 자기 집에 불이 난 꿈은 가까운 사람의 도움을 받게 된다.

- 집에 난 불이 다른 곳으로 옮겨붙는 꿈은 잘못된 마음을 바로잡으라는 경고다.

- 옷에 불이 붙는 꿈은 새 옷을 입게 되거나 선물을 받는다.

- 꿈에 큰불을 보았다면 불기운이 강할수록 행운이 있다.

- 꿈에 불속을 뒤지면 좋은 인연을 만나게 된다.

- 강둑을 태우는 꿈은 운이 트이고 장수한다.

- 산야를 불태우는 꿈은 크게 출세한다.

- 자신을 불태우는 꿈은 길몽으로 크게 성공한다.

- 세차게 타오르는 불꽃을 보는 꿈은 재산이 크게 늘어난다.

- 큰불이 하늘을 태우는 꿈은 사업을 하는 사람은 회사가 크게 일어선다.

- 불을 들고 길을 가는 꿈은 크게 깨닫는다.

- 불속에 몸이 들어 있는 꿈은 귀인의 도움을 받게 된다.

- 살고 있는 집에서 화광(火光)이 번쩍하는 꿈은 대길하다.

- 등촉(燈燭)이 밝으면 대길하다.

- 여럿이 난로를 둘러싸고 있는 꿈은 화목하다.

- 땅속으로부터 불길이 솟아오르는 꿈은 병이 완쾌된다.

- 우물을 불태우는 꿈은 병이 완쾌된다.

- 검은 연기가 뭉게뭉게 피어오르는 꿈은 질병이 생긴다.

🦋 불빛이 보이는 꿈

- 좋은 일이 연이어 생긴다.

- 손에 불을 붙이고 불빛이 눈부시게 움직이는 꿈은 친구들이 순수함을 상징한다.

- 불이 이글거리는 땅을 맨발로 걷는 꿈은 다른 사람이 할 수 없는 일도 거뜬히 해낼 수 있는 능력 갖고 있음을 말해준다.

🦋 불행한 일을 보는 꿈

- 힘이 장사인 사람에게 꼼짝 못하도록 꽉 틀어 잡히는 꿈은 신변에 재난이 닥칠 징조이다.

- 가까운 지인이 불행과 재난을 당하는 꿈은 자신이 불행한 일이나 질병이 몸을 괴롭힐 징조이다.

🦋 붉은 눈꽃, 붉은 천, 붉은 옷, 붉은 색을 보는 꿈

- 손가락(발가락) 끝이 아픈 지단홍자병을 앓게 될 징조다. 이 병은 정서적 충격, 한기를 받는 데서 유발하는데 병인데, 항상 긴장하고 가정 일이 너무 많아 의존, 순종 때문에 인지 능력이 저하되는 데서 발병한다. 중년 여성이 이 병에 많이 걸린다.

🦋 붓이나 펜을 가져오는 꿈

- 다른 사람의 붓이나 필기도구를 가져오거나, 그것으로 시험을 보는 꿈은 성적이 크게 오르는 거나 시험에 합격한다.

🦋 비(雨)를 보는 꿈

- 기다리는 마음을 나타낸다. 머지않아 좋은 일이 생기거나 다른 사람의 보살핌을 받게 된다.

- 큰 비가 오거나, 큰 비로 길이 쓸려내려 가는 꿈을 노인이 꾸었다면, 노쇠하여 건강이 점점 나빠지는 것을 말한다. 그러나 젊은 사람이 큰 비를 보면 주변 환경에 변화가 있을 징조이다. 만약 직장인이 꾸었다면 이직하고, 수험생이 꾸었다면 시험을 잘 못 볼 수 있다.

- 찌뿌둥한 하늘에서 구질구질 내리는 비를 보았다면 흉사가 있다.
- 길을 가다가 비를 만나는 꿈은 좋은 음식을 대접받는다.

비누로 씻는 꿈
- 자기의 죄를 씻거나, 악한 마음을 감추고, 결과에 대한 책임을 면하려는 마음.

비단(紬緞)과 관련한 꿈
- 비단을 보거나 파는 꿈은 사업이 번성한다.
- 연애 중인 남자가 꿈에 비단옷을 입은 부인을 보았다면, 맞아들이게 되는 아내가 현숙하고 가정에 충실함을 상징한다.
- 여자가 꿈에 비단옷을 입고 있었다면 미래의 남편이 조건이 좋고 둘 다 상류층에 어울린다.
- 비단을 깐 방안에 있는 꿈을 꾸었다면 계획하고 있는 일이 순조롭게 진행된다.

비대함과 관련한 꿈
- 꿈에 자신의 몸이 비대해졌다면 재물이 늘어난다.
- 지인의 몸이 비대해졌다면 함께하는 좋은 사업 파트너를 만나게 된다.

🦋 비둘기와 관련된 꿈

- 많은 무리의 비둘기를 보는 꿈은 사업이 번성하고 지인들의 존중과 사랑을 받으며 가정이 화목함을 상징한다.

- 짝을 잃고 슬프게 우는 비둘기를 보면 절친한 친구의 사망이나, 부친한테 예상치 못한 불길한 일이 발생한다.

- 죽은 비둘기를 꿈속에서 보면 사랑하는 사람이 병을 앓거나, 이별을 예견한다.

- 날개를 축 늘어뜨린 비둘기를 보면 담판에서 실패하거나 성공 가도를 달리든 사업이 내리막길로 향한다.

- 비둘기가 물고 온 편지를 보고 깜짝 놀라는 꿈은 질병에 걸려 힘든 생활을 한동안 하게 된다.

🦋 비문(碑文-죽은 이의 업적을 비석에 새긴 글)을 보는 꿈

- 누군가와 잠시 불쾌한 일이 생긴다.

- 비문을 읽거나 연설하는 꿈은 질병 때문에 아무 일도 할 수 없다.

- 비문을 쓰는 꿈은 가까운 친구를 잃게 된다.

🦋 비취(옥 보석)와 관련한 꿈

- 비취가 보이는 꿈은 유산 상속을 둘러싸고 가족 간에 다툼이 있다.

- 연애 중인 남자가 여자의 손목에서 비취 장식물을 보았다면 여자에게 버림받게 된다. 비취를 사는 꿈은 하는 일이 순조롭지 못할 것이다.

 비행기와 관련된 꿈

- 비행기가 착륙하는 꿈은 생활의 어느 일부분을 변화시키려고 하지만 도저히 움직일 수가 없다.

- 자신이 직접 비행기를 조종하는 꿈은 사업에 예상 밖의 결실을 보게 된다.

- 특이한 비행을 꿈꾸었다면, 자기의 생각을 펼칠 기회가 있고 재운도 좋아진다. 다른 나라로 비행기 여행을 타고 떠나는 꿈은 먼 곳에서 기쁜 소식이 올 것이다.

- 비행기에 많은 승객이 있는 꿈은 귀인이나 동반자가 나타난다.

 빗장을 지르는 꿈

- 문 빗장을 지르는 꿈은 도움을 요청하는 사람이 있으나 당신은 외면하게 된다.

 빛과 관련한 꿈

- 하늘에서 밝은 빛을 발사하는데 달빛은 오히려 희미하고 이상하게 보이는 꿈은 큰 좌절을 당하거나, 가정 내의 시끄러운 일, 친구의 불행이 자신을 괴롭힌다.

 빨간 유리알이 보는 꿈

- 빨간 유리알을 보이는 꿈은 꿈을 꾼 사람이나 그 곁에 있는 사람들에게 홍안병(紅眼病:결막증이 생겨 눈의 흰자위가 붉어지는 병)이 잘 생긴다. 꿈에서 본 빨간 유리알은 바로 자신의 눈이다.

🦋 빵과 관련한 꿈

- 많은 빵이 보이는 꿈은 재산이 불어날 것이다.

- 빵을 맛있게 먹는 꿈은 건강, 장수를 나타낸다.

- 속을 넣은 빵을 굽는 꿈은 결혼식을 돕거나 머지않아 결혼하게 된다.

- 빵을 태우는 꿈은 슬픈 사랑의 결말을 상징한다.

🦋 뻐꾸기 울음을 듣는 꿈

- 서로에게 실망하나, 결국 사랑하는 사람과 이별하게 된다.

🦋 뼈와 관련한 꿈

- 사람의 뼈가 보는 꿈은 가족, 지인의 죽음으로 인해 이익을 본다.

🦋 뿔과 관련한 꿈

- 머리에 뿔이 돋은 꿈은 불길하다. 한자로 각(角)을 풀이해 보면 '칼(刀)을 사용하다'인데 머리 위에서 칼을 사용한다면 크게 불행이 있기 마련이다.

삼신三神 할머니

삼신은 아기를 점지해 주는 신입니다. 현재에 있어서는 삼신을 모시는 집안이 거의 사라진 상태입니다. 그러나 예전에는 가정의 출산에 있어서 없어서는 안될 귀중한 신이었습니다. 시대에 뒤떨어졌다고 생각하지 말고 믿음을 가지고 실천한다면 귀자를 출산하시리라 여겨집니다.

민간에 전해 내려오는 삼신을 소개합니다.

삼신은 가신家神의 하나인 생산신, 출산신, 곧 산신産神을 말합니다. 산신은 산육産育에 관한 모든 일을 관장합니다. 삼신 바가지는 안방 시렁 위에 모시며, 바가지 속에 쌀이나 옷감 등을 넣어 창호지로 덮어서 끈이나 타래실로 묶어 두고, 바가지에 담긴 곡식은 봄과 가을에 햇곡식으로 갈아 넣고 묵은 쌀은 밥을 지어 온 식구가 먹으면서 삼신할머니께 감사드리는 것입니다.

삼신은 삼신 할매라고 부르며 아들 낳기를 바랄 때와 산모가 순산하기를 빌 때, 산후에 산모의 빠른 회복을 기원하거나 아기가 탈 없이 잘 자라게 해 달라고 기원할 때 삼신 할매에게 비는 것입니다.

그래서 출산 후 칠 일마다 미역국과 밥을 차려 놓고 삼신 기도 축문을 외우면서 비는 것입니다.

그리고 출산 후, 백일과 돌날 아침에는 떡과 밥, 미역국을 차려 놓고 삼신할머니께 기원한 다음 가족과 함께 나누어 먹습니다.

제 3 장 꿈풀이

ㅅ

🦋 사격과 관련한 꿈

• 새를 명중시킨 꿈은 사업에 성공하거나 사랑하는 사람과 결혼하게 된다.

• 먹이를 먹는 새를 쏘아 맞히는 꿈은 경쟁자를 이기는 꿈이다.

🦋 사고(事故)와 관련한 꿈

• 사고를 내고 자신의 몸에 상처를 입은 꿈은 어려움에 처하게 된다.

🦋 사과를 보는 꿈

• 사과 꿈은 2종류로 태몽, 유혹을 뜻한다.

• 보통 길몽으로서 행복, 장수함을 나타내고 사업, 사랑에도 성공한다.

• 태몽일 경우 사내아이를 낳게 되는데, 아이는 대단히 총명하고 부자가 된다.

🦋 사기꾼과 관련한 꿈

• 주변 사람 모두가 사기꾼처럼 생각된 꿈은 어떤 계획을 실천하려고 노력하지만 주변 사람들을 믿을 수 없어 적임자를 찾지 못함을 상징한다.

- 누군가가 자신을 사기꾼이라고 욕하는 꿈은 거짓말을 꾸민 사람 때문에 억울함을 많이 당할 것이다. 여자가 꿈에 애인을 사기꾼 이라 생각했다면, 경솔한 행동으로 이별을 고한다.

🦋 사냥과 관련한 꿈

- 사냥감을 보고 총을 쏘는 꿈은 자신이 원하는 사람의 마음을 얻 게 된다.
- 사냥감이 매우 풍부한 꿈은 결혼을 상징한다.
- 토끼를 잡는 꿈은 불행과 고민, 특히 사랑에 실망한다.
- 여우를 추격하여 잡는 꿈은 경쟁자를 물리치는 길몽이다.

🦋 사냥개를 쫓는 꿈

- 추진하고, 계획 중인 일에 큰 성과가 없다.

🦋 사람과 대화하는 꿈

- 성현(聖賢-학문이 높고 깨달음을 얻는 자)과 이야기를 나누는 꿈은 현재의 어려운 문제를 해결하는 답을 얻게 되는 길몽이다.
- 밖에서 내 이름을 부르는 꿈은 안 좋은 일로 불길하다.
- 평판이 안 좋은 사람과 말을 하는 꿈은 구설(口舌)이 있게 된다.
- 모르는 사람과 거래를 하는 꿈은 장사, 사업상 길할 징조이다.
- 짝을 지어 동행하는 꿈은 나의 불행을 동행하는 사람에 옮겨가 게 하는 것이다.
- 누군가 하소연하는 것을 들어주는 꿈은 몸이 이유 없이 힘들고 아프다.

🦋 사람들이 게걸스럽게 물과 음식을 먹는 꿈
- 당뇨병 징조이다. 물은 소변이고, 또 몸에서 영양 성분이 배출되기에 꿈에서도 보충하기 위해 포식하고, 사람들이 물을 마실 것이다.

🦋 사랑하는 사람의 사망 소식을 접하는 꿈
- 사랑하는 사람의 시체를 보는 꿈은 오랫동안 마음이 불안할 뿐만 아니라, 크고 작은 불행이 연이어 생길 수 있다.

🦋 사랑하는 사람이 보이는 꿈
- 아내(남편)가 나타나는 꿈은 사소한 근심이나 질병을 상징한다.

🦋 사랑하는 사람이 몸에 상처를 입는 꿈
- 이유 없이 몸이 아프고, 여러 가지 근심이 쌓이게 된다.

🦋 사막을 보는 꿈
- 사막을 걷는 꿈은 어려움을 상징하는데, 모래 폭풍우가 덮친다면 상황이 매우 열악함을 상징하고, 오아시스를 만난다면 문제해결의 간절함을 나타낸다.

🦋 사업과 관련한 꿈
- 자신이 검토한 기업의 물건을 생산하는 꿈을 꾸었다면, 사업에 성공하고 많은 재물을 얻게 된다.

🦋 사자를 보는 꿈

- 꿈에 나타난 사자나 호랑이는 위엄이 있고 용맹한 사람을 나타낸다.
- 만약 여자가 이런 꿈을 꾸었다면 재능이 뛰어난 사람과 결혼한다.

🦋 사장님을 보는 꿈

- 만약 꿈에 회사 사장님이나 임원을 보았다면, 그의 권위에 대한 공포와 존경을 나타내거나 누군가가 자기의 정서를 지배하게 된다.

🦋 사진을 보는 꿈

- 확인을 받으려는 욕망, 망각되고 싶지 않아 마음에 새겨 두는 것이다.
- 자신의 사진을 찍거나 사진을 꾸미고 있는 꿈은 강렬한 표현욕을 나타낸다.
- 사진을 찢어버리거나 태워버리는 꿈은 과거를 망각하려 하거나 벌써 망각되었음을 나타낸다.

🦋 사치를 부리는 꿈

- 사치를 부리는 꿈은 가난, 실망, 어려움, 실패, 실연 등을 나타낸다.

🦋 사탕과 관련된 꿈

- 사탕을 먹는 꿈은 대인관계에서 성공하고 친구와 두터운 정을 쌓아 간다.

- 사탕을 만드는 꿈은 사업에서 이익을 얻게 된다.

- 누군가가 사탕을 주는 것을 받는 꿈 경우, 젊은 사람이 꾸었다면 많은 사람들의 존중을 받거나 사업이 성공한다. 반대로 누군가에게 사탕을 주는 꿈은 그 사람에게 잘 보이려 하지만 냉대를 받게 된다.

- 사탕에 값을 매기는 꿈은 경고 위협을 받게 된다.

- 만약 잘 포장된 사탕이 터져 나오는 꿈은 장사에 작은 손실이 생긴다.

🦋 사형 집행자나, 화장터를 보는 꿈

- 진행 중인 프로젝트에서 특정 사람을 일에서 배제하려는 생각.

- 또는 자신의 잘 못된 행동, 충동이 벌을 받는다고 인정하는 것이다.

🦋 산과 관련한 꿈

- 산을 오르다가 굴러떨어지는 꿈은 직장을 잃게 된다.

- 산을 내려가거나 굴러떨어지는 꿈은 질병이나 실패에 대한 두려움을 나타낸다.

- 높은 산을 돌아보는 꿈은 봄 여름으로 운이 서서히 좋아진다.

- 비탈진 산길을 걷는 꿈은 병이 점점 완쾌되어가고 있음을 상징한다.

- 높은 산에 올라 있는 꿈은 좋은 일이 생기는 길몽이다.

- 물건을 안고 산을 오르는 꿈은 태몽으로 남자아이를 보게 된다.

- 산중에 있는 논, 밭을 보는 꿈은 의식주가 풍족해 평안한 상태를 말한다.

- 산을 오르고 올라도 정상까지 오르지 못하는 꿈은 한동안 고생을 의미한다.

- 녹음이 우거진 고요한 산골짜기를 빠져 가나는 꿈은 사업이 점점 상승하고 달콤한 사랑에 마음이 빠져들고 있다.

- 산이 무너지는 것을 보거나 혹은 평지에 느닷없이 둔덕 같은 것이 생기는 꿈은 몸에 질병이 침범을 나타낸다.

산양이 보이는 꿈

- 경쟁자가 있고, 사기를 당하여 시련을 겪게 된다.

- 여자가 꿈에 산양을 보고 높은 곳에서 떨어졌다면 좋아하는 사람의 사랑을 얻는데 실패한다.

산이나 절벽을 오르는 꿈

- 남자가 꿈에 산이나 절벽을 오르는데 정상까지 오르려 하지 않거나, 오르기 힘들어하는 꿈은 여성을 성(性)으로 정복하려는 욕망을 나타낸다.

- 직장인, 사업하는 사람은 추진 중인 일을 성공할 수 있는지, 성공하였다 해도 도대체 어떻게 하는 것이 맞는지 복잡하고 조급한 심리를 상징한다.

🦋 산호를 보는 꿈

- 빛 고운 산호를 보았다면 친구와 우정이 좋음을 상징하고, 곤경에 처했을 때 친구들이 도움을 주어 고통을 덜어줄 것이다.

🦋 살구나무와 관련한 꿈

- 대체로 무의미한 일에 시간을 허비함을 상징한다.
- 살구를 먹는 꿈은 시끄러운 일이 발생할 것이다.
- 모르는 사람이 살구를 먹고 있는 꿈은 환경이나 주변인들에게 불만이 있다.

🦋 살인광이 되는 꿈

- 산후풍 때문이다. 여성은 새로운 생명을 낳고는 어느 부분에서 생명을 잃었다고 느껴 살생하는 잠재의식이 생겨날 수 있다. 그러나 현실 속에서는 그렇게 할 수 없고 생각조차 가질 수 없다. 다만 꿈속 행위를 통해 자신의 고통을 덮어 감추는 것이다.

🦋 살이 찌는 꿈

- 대체로 병을 앓게 되거나 사랑하는 사람과 다투게 된다.

🦋 살인과 관련한 꿈

- 칼을 들고 살인을 저지르거나 눈앞에 피비린내 나는 도살이 벌어져 온통 유혈이 낭자해 달아나기 위해 겹겹이 둘러싼 사람을 닥치는 대로 찔러 죽이는 꿈은 자신의 부족한 능력에 대한 불만을 상징하며, 머리를 써서 지혜롭게 경쟁자를 이길 수 없음을 상징하기도 한다.

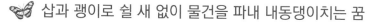

🦋 삽과 괭이로 쉴 새 없이 물건을 파내 내동댕이치는 꿈

- 파괴 심리가 강렬한 사춘기 남자아이들이 이런 꿈을 자주 꾼다. 평상시에 남의 조롱과 업신여김을 받았으나, 저항할 힘도 없고 시비를 밝힐 힘도 없기에 파괴로써 보복하려는 심리라 할 수 있다. 물건을 파내는 것은 아이의 행위이고, 내동댕이친 물건은 그 아이가 보복하려는 대상일 수 있다.

🦋 삿자리(갈대를 엮어서 만든 자리)와 관련한 꿈

- 불길한 징조이다. 어떤 꿈이던 질병이나 슬픔, 고통을 상징한다.

🦋 상을 받는 꿈

- 자신이 누군가에게 칭송되거나 상을 받는 꿈은 실생활에서는 역설적으로 나타난다. 즉 근심하는 일이 생기거나 자신감이 없음을 상징한다.

🦋 상아(象牙-코끼리의 어금니, 뼈)를 보는 꿈

- 사업, 장사 등이 호황을 맞아 재산이 크게 증식하는 길몽이다.

🦋 상처를 보는 꿈

- 여자가 꿈에 자신의 상처를 보는 꿈은 산부인과 병에 관련된다. 병 때문에 정상적인 부부생활을 할 수 없어 상처받았던 자존심에 대한 위안을 받으려는 것이다.
- 모르는 사람이 자신에게 상처를 입히는 꿈은 계획하고 있는 일이 성공하고, 경쟁자의 음모가 실패하게 됨을 상징한다.

🦋 상처가 터지는 꿈

- 터진 상처에서 피가 멎지 않거나, 흐르는 물, 홍수, 강 뚝이 터치는 꿈을 어린 여자가 꾸었다면 대체로 월경이 시작되게 된다.

🦋 상처를 입은 꿈

- 열렬한 사랑에 빠지거나, 돈을 빌리게 되거나, 좌절을 당할 징조이다.

- 또는 상처를 입는 꿈을 꾸었다면, 악의가 있는 사람에게 피해를 당하게 거나, 나쁜 병에 걸릴 수 있다.

🦋 상추를 먹는 꿈

- 질병으로 사랑하는 사람이나 가까운 친구가 등을 돌린다.

- 또는 지나친 질투심 때문에 심리적 고통을 당하게 된다.

🦋 새가 노래하는 꿈

- 새가 노래하는 꿈은 행운, 건강, 번영을 나타낸다.

- 미혼녀가 이런 꿈을 꾸었다면 미래의 남편이 재력가이며, 행복한 가정을 갖는다.

🦋 새가 말하는 꿈

- 새가 말하는 꿈은 주변에 누군가 자신을 친구로 생각한다.

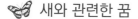 새와 관련한 꿈

- 하늘을 날아다니는 새는 동경하는 대상물이므로 새와 관련한 꿈은 대체로 길몽이다.

- 창공을 나는 새를 꿈꾸었다면 자신의 실력을 충분히 발휘하게 될 것이다.

- 새를 잡는 꿈은 원하던 물건이 마침내 손에 들어오거나 재운이 트인다.

- 예쁜 새를 본 꿈은 가정의 평화를 상징한다.

- 한 무리의 화려한 빛깔의 새가 보이는 꿈은 딸이 부자에게 시집을 가고 아들은 공직에 몸담아 존경을 받게 될 것이다.

새 둥지를 발견하는 꿈

- 새 둥지를 발견하고 그 둥지 속에 알이 있으면, 한몫의 재산을 챙기게 된다. 그런데 둥지 속의 새가 알을 낳아 놓고 가는 꿈은 송사가 있게 되고 재산상 큰 손해를 보게 된다.

새 둥지를 파괴하는 꿈

- 둥지 란 사람의 신체이다.

- 집을 파괴하는 꿈은 욕망, 정신적인 자살, 징벌을 나타내며 현재 자신이 처한 환경에서 벗어나 과거의 마음으로 돌아가고자 하는 것일 수 있다.

🦋 새를 보는 꿈

- 죽어가는 새가 보이는 꿈은 자식에게 해가 있을까 애를 태우게 된다.
- 어린 새를 총으로 쏘아 떨어뜨리는 꿈은 재난이나 굶주림을 암시한다.
- 나는 새를 보면 어쩔 수 없는 상황으로, 모아둔 돈이 흩어져 빈 손이 된다.
- 가난한 사람이 새 울음소리를 들었다면 좋은 소식이 있을 것이다.
- 사람을 두려워하지 않는 새를 보았다면 직장에서 승진하거나 영향력이 커진다.

🦋 새장과 관련 꿈

- 새가 많이 들어 있는 새장을 보는 꿈은 횡재하거나, 사랑하는 사람이 생긴다.
- 한 마리의 새가 들어 있는 새 집을 보았다면 아름다운 여인과 결혼한다.
- 새 집이 텅 비어 있는 꿈은 사랑하는 사람에게 버림받는다. 그리고 다른 손실이 있지 않으면 질병으로 고통받는다.
- 모르는 사람이 새 집에서 새를 풀어놓는 꿈은 누군가와 몰래 정을 통한다.

- 새 장안의 새가 매우 사나운 꿈은 경쟁자를 이기고 어려움을 극복할 수 있다.
- 자신이 사나운 새와 함께 새 집 안에 갇혀 있는 꿈은 여행길에 뜻밖에 사고를 당한다.

🦋 색과 관련한 꿈

- 꿈에 색이 나타나면 그것은 긍정적으로 어떤 의미가 새겨진다.
- 짙은 푸른색이 나타나는 꿈은 걱정스러운 일이 많고, 거기에서 벗어나려 한다.
- 검은색 꿈은 실망, 장애, 불안 등을 상징한다.
- 갈색 꿈은 금전이나 예물을 받게 된다.
- 붉은색 꿈은 뜻밖에 운수가 트이거나 깜짝 놀랄 만한 소식을 접하게 된다.
- 녹색 꿈은 여행을 상징한다.
- 회색 꿈은 흔히 생리기일 때 많이 나타난다.
- 옅은 자줏빛이 보이는 꿈은 욕구 불만이나 초조함을 나타내고 주변 사람 들과 다투고 난 후에 이런 꿈을 꾸게 된다.
- 오렌지색이 보이는 꿈은 변화의 징조이거나 희망하던 일이 물거품이 된다.
- 흰색이 보이는 꿈은 길운이다.
- 온통 울긋불긋한 색깔의 꿈은 그대로 아름다움, 즐거움, 행복함을 상징한다.

🦋 생일 선물을 받는 꿈

- 지인이 보내온 생일 선물을 받는 꿈은 여러 가지 업적을 쌓는다.

- 생일 선물을 받는 사람이 직원인 꿈은 수입이 증가함을 나타내기도 한다.

- 지인에게 생일선물을 보내는 꿈은 선물 받는 사람이 자신을 따르게 된다.

🦋 서리(霜)와 관련한 꿈

- 시련이나 곤경을 상징한다.

- 여자가 이런 꿈을 꾸었다면 바람둥이 꾀임에 당해 배신당하게 된다.

🦋 서양의 장기(체스)를 두는 꿈

- 사업이 위축되고 머리가 복잡해지고 건강이 나빠진다.

- 서양 장기를 두는 꿈은 빈곤한 생활에 환멸을 느끼고 있음을 상징한다.

- 장기에서 이겼다면 외적인 힘을 빌려 불쾌한 일을 만족스럽게 풀어나간다.

🦋 석굴을 발견하는 꿈

- 석굴을 발견하는 꿈은 가까운 친구가 믿음이 없음을 상징한다.

- 달빛 아래에서 저만치 앞에 있는 석굴을 보는 꿈은 많은 시끄러운 일들이 심신을 괴롭히고 경쟁자의 농간으로 사업과 건강에 위협을 받게 된다.

🦋 선녀를 보는 꿈

- 남녀를 불문하고 현재 사귀는 사람과 결혼이 원만하게 이루어진다.

- 사업하는 사람은 순조롭게 일리 잘 풀리고, 직장인은 승진한다.

🦋 선물을 주는 꿈

- 어떤 사람에게 선물을 주는 꿈은 이성을 사귀려는 마음으로, 마음을 줄 수 있는 사람이 나타난다. 혹은 '그 사람과 대화를 하고 싶다', '감정적으로 어울리고 싶다'는 생각을 상징한다. 또 오랫동안 연락이 끊어졌거나 사이가 멀어졌던 사람과 다시 만나거나 사귀게 된다.

🦋 선생님을 보는 꿈

- 자신의 행동이나 생각을 정리하고 도움을 줄 수 있는 사람을 찾는다.

- 선생님과 대화를 나누는 꿈은 새로운 잠재적인 힘을 발견하거나 성장의 기회가 있다.

- 선생님의 꾸지람을 듣는 꿈은 자기의 건강이나 행동에 불안을 느낀다.

- 이외에도 선배 등도 선생님과 같은 역으로서 모두 도움을 받을 수 있다.

🦋 섬(島)을 보는 꿈

- 만나기로 약속하면, 항상 자신이 먼저 기다리는 대한 불만을 말한다.

- 사귀는 친구에 대한 실망감, 직장 동료 간의 대립에서는 불안감을 느낀다.

- 현실 생활환경에 대한 혐오를 나타낸다.

- 외로운 섬이 보이는 꿈은 연인을 잃게 된다.

🦋 성(性)과 관련한 꿈

- 성의 욕망을 상징한다. 꿈의 내용에 따라 의미도 달라질 수 있다.

- 강간당하는(남녀를 불문하고) 꿈은 현실에서의 강간을 상징할 수도 있다. 그러나 경우에 따라 어떤 피해의식이나 누군가의 불만, 항의에 대한 분노의 의지를 상징할 수도 있다.

- 강간을 하는 꿈을 경쟁자를 물리치는 꿈이다.

- 섹스를 하는 꿈을 여자가 꾸었다면 꼬인 일이 풀리는 꿈이다.

- 섹스를 하는 꿈을 남자가 꾸었다면 시비에 말려든다.

- 섹스를 하는 상대가 아내인 꿈은 사업에 크게 성공할 것이다.

- 모르는 사람과 섹스를 하는 꿈은 정신적으로 초초해 하거나 불안해하는 것이다.

- 이상한 섹스 장면이 보이는 꿈은 인간관계를 소홀히 한 탓으로 신뢰하는 사람이 자기를 멀리하게 된다.

- 큰 마루 위에서 유리 통 안에 갇혀 있는 뱀 한 마리가 보이거나, 뱀이 유리를 깨고 뛰쳐나올까 봐 두려워하는 꿈을 꾸었다면 성몽(性夢)이다.

- 여기에서 뱀은 남자의 성기를 상징하고 마루는 여자의 성기를 상징한다.

- 꿈에 나타나는 과일도 흔히 성을 상징한다. 사과는 여자의 엉덩이나 유방을 상징하기도 한다. 바나나는 남자의 성기를 상징한다.

- 물이 없는 곳에서 헤엄치는 꿈은 감정 없는 섹스를 상징한다.

섹스를 하거나 과일을 먹는 꿈

- 처녀가 이런 꿈을 꾸었다면 상상 임신을 나타낸다. 겉으로 보기에는 배가 불룩하고 맥도 이상해서 임신맥처럼 생각된다.

세탁소를 보는 꿈

- 세탁소 주인이 집에 와서 세탁할 옷을 가져가는 꿈은 병이 생기거나 귀중한 물건을 잃어버리게 된다.

소(牛)와 관련한 꿈

- 소는 남자의 기개를 나타내기도 하고 거짓말이나 허풍을 상징하기도 한다.

- 소를 보고 공포를 느끼거나, 소에게 이리저리 쫓기는 꿈은 남성에 대한 공포증이다.

- 여자가 소에게 여물을 주거나 소 위에 얹힌 물건을 내리는 꿈은 남성이기를 바라거나 무엇인가를 바라는 것이다.

- 미쳐 날뛰는 소에게 쫓기는 꿈은 친구를 잃게 되거나, 포악한 경쟁자가 있으며 인격에 손상을 주는 소문이 곳곳에서 떠돌게 된다.

- 연애 중인 사람이 이런 꿈을 꾸었다면 연인이 큰 불행을 겪게 된다.

- 소에게 쫓기는 꿈은 하고 있는 일에 경쟁자가 있다.

- 소젖을 짜는 꿈은 부유해질 것이다.

- 버터를 만드는 꿈은 평범하고 마음씨 고운 아내를 얻고, 착한 자식을 두게 된다.

- 풀을 뜯고 있는 소의 무리가 보이는 꿈은 흥성과 부유해짐을 상징한다.

- 소의 무리를 몰아가는 꿈을 꾸었다면 돈을 모으게 된다.

- 긴 뿔이 난 흑색 소가 보이는 꿈은 경쟁자가 있음을 상징한다.

- 소에게 쫓기는 꿈 역시 경쟁자가 있고 경쟁자가 자신을 불안하게 한다.

🦋 소고기를 먹는 꿈

- 주변의 도움으로 절실하게 필요 때 꾸는 꿈이다.

- 피가 묻은 소고기가 보이는 꿈은 중병에 걸릴 징조이다.

- 푹 삶은 소고기를 먹는 꿈은 남에게서 받는 도움보다 고통이 더 크다.

🦋 소금에 절인 생선을 사는 꿈

- 소금에 절인 생선을 사는 꿈을 꾸었다면 사랑하는 사람과 다투고 헤어져, 마음의 병으로 인해 한동안 고생을 하게 된다.

🦋 소리와 관련한 꿈

- 수근 그리는 소리를 듣는 꿈을 꾸었다면 문제의 해결방안을 알게 된다.

- 꿈에 아무것도 들을 수가 없었다면 주변의 충고, 건의를 받아들이지 않고 자기의 뜻대로 행동하려 한다.

- 꿈에 소리를 낼 수 없었다면 지인, 직장동료가 자신에 대한 강한 불만을 품고 있다.

🦋 소리치는 것과 관련한 꿈

- 친구, 애인의 고함소리가 들리는 꿈은 그중의 누군가가 중병에 걸려 도움을 요청하는 것이다

- 오래전에 사망한 사람이 자신을 부르는 꿈을 꾸었다면 중병을 앓거나 잘 못된 판단으로 사업에 어려움을 겪게 된다.

🦋 소변을 보는 꿈

- 소변과 같은 배설물이 보는 꿈은 여러 가지 의미가 있으나 대체로 길몽이다.

- 몸의 나쁜 것을 배설한다는 의미로 보면 건강이 회복되거나 자유를 얻게 된다. 그리고 역시 재산상 큰 이익을 얻게 된다는 의미로도 볼 수 있다.

- 밤에 잠을 자다가 침대에 오줌을 싸는 꿈은 생각 밖의 재물을 얻
  게 되거나 기회를 잡게 된다.

- 오줌이 큰 강을 이루는 것은 길몽으로 여자가 이 꿈을 꾸었다면
  좋은 곳으로 시집을 가거나, 여자 거부가 될 것이다.

🦋 소화불량이 걸리는 꿈
- 건강이 좋지 않거나 주위 환경이 열악해진다.

🦋 쇠사슬로 결박 당하는 꿈
- 쇠사슬에 결박 당하는 꿈은 친구, 지인, 직장 상사로부터 한동안
  심한 시달림을 받고 해방된다.

- 쇠사슬이 보이는 꿈은 경쟁자가 해치려 하고 있으나, 실패하는
  꿈이다.

🦋 손과 관련한 꿈
- 어떤 물건을 손으로 꽉 틀어잡는 꿈은 문제를 해결하겠다는 의
  지를 나타낸다.

- 악수를 나누는 꿈은 도움을 줄 사람을 만나게 된다.

- 주먹을 꼭 쥐고 있는 꿈은 이미 마음을 한곳으로 정했다는 것을
  의미한다.

- 손바닥을 뚫어지게 내려다보는 꿈은 새로운 환경, 물건에 대한 관
  찰, 불안, 조심성을 의미한다.

🦋 손목이 잘리는 꿈

- 손목이 잘리는 꿈은 시끄럽게 굴고 몹시 시달림을 받게 될 사람이 생기다.

- 다른 사람의 손목이 자르는 꿈은 뛰어난 리더십으로 성공적으로 임무를 완수한다.

- 손목이 잘릴까 봐 두려워하는 꿈은 강한 경쟁자와 맞서게 된다.

- 한쪽 손이 없어진 꿈은 크게 성공하거나, 직장에서 한 부서를 맡게 된다.

🦋 손 전등(랜턴)과 관련한 꿈

- 손 전등을 들고 있는 꿈은 호소력 있는 설득으로 사람들로부터 존경을 받게 된다.

- 불빛이 어두운 손 전등을 들고 있는 꿈은 병을 앓게 된다.

- 많은 불빛이 자신을 비추고 있는 꿈은 주변 사람에게 좋은 일로 주목받게 된다.

🦋 수녀가 되는 꿈

- 수녀원에 들어가 수녀가 되는 꿈은 실연을 상징한다.

🦋 수술을 받는 꿈

- 자신이 수술을 받는 꿈은 직장, 사업상 어려운 문제가 해결되는 신호이다.

🦋 수영과 관련한 꿈

- 수영하는 꿈은 대체로 성욕, 성 만족, 성 쾌감을 얻으려는 욕망을 나타낸다.

- 혹은 목적을 달성하려는 강렬한 의욕을 상징한다.

- 꿈에 수영하는 사람들을 보았다면 수영하는 사람이 오직 한사뿐이었는지, 수영하는 사람이 즐거움을 느꼈는지, 힘들어하면서 건너편에 도달하려고 계속 수영을 하는지, 수영 기술이 좋은가, 다른 사람의 도움을 요청하는지 등의 상황을 기억해 두어야 한다.

- 아주 멋지게 헤엄을 치는 꿈은 수영실력이 매우 뛰어나 쉽게 이성을 유혹한다.

- 아무리 열심히 수영을 해도 앞으로 나아가지 못하는 꿈은 만족을 느끼지 못하고 섹스에 대한 실망감을 의미한다.

- 간신히 건너편에 이르는 꿈은 목적을 달성하게 된다.

- 수영하다가 물속에 가라앉는 꿈 몸의 면역력이 약화로 질병이 침범할 징조이다.

🦋 수영장을 보는 꿈

- 벗은 몸을 드러낸 사람들의 무리가 보이는 꿈은 이성에 대한 관심을 나타낸다.

- 수영장에 사람이 아무도 없는 꿈은 애인에 대한 그리움을 나타낸다.

- 만약 자신이 열심히 헤엄치는 꿈을 꾸었다면 누구에게도 뒤지지 않으려는 인내력을 상징한다.

🦋 수용소(감옥)와 관련한 꿈

- 자신이 감옥에 있는 꿈은 번민할 일이 생긴다.
- 수용소를 돌아보는 꿈은 고난을 겪는 사람을 도와줄 수 있는 위치에 서게 된다.

🦋 수중(水腫 혈액순환 등의 장애로 몸이 붓는 병)에 걸리는 꿈

- 질병이 한동안 심신을 괴롭히겠으나 얼마 후 완치되어 건강 해진다.
- 다른 사람이 수종으로 고생하는 꿈은 한동안 연락이 끊겼던 친구에게서 소식이 오고 건강하고 무사함을 의미한다.

🦋 수집, 수학(收穫-농수산물을 거두어들임)과 관련한 꿈

- 옛날 돈을 수집하는 꿈은 현재의 재산상태가 좋아진다.
- 계절에 맞는 과일을 수확하는 꿈은 건강하고 즐겁고 행복함을 뜻하는 것이다.
- 제철이 아닌 과일을 수확하는 꿈은 경쟁자, 거짓, 슬픔을 뜻하는 것이다.
- 가을에 사람들이 밭에서 옥수수대를 단으로 묶고 있는 꿈은 대단한 길몽으로 하는 일이 뜻대로 잘 된다.

🦋 수탉과 관련한 꿈

- 수탉들이 서로 싸우는 꿈은 다른 사람과 다투거나 어떤 부정(不貞-결혼한 사람이 정조를 지키지 않음)한 일 때문에 집에서 떠나게 된다.
- 밤에 수탉들이 서로 싸우며 우는소리를 듣는 꿈은 불행한 일로 울게 된다.

🦋 수업을 듣는 꿈
- 이런 꿈은 흔히 말더듬이 증상이 있는 어린이가 자주 꾼다. 선생님이 수업하는 것을 따라하고 싶어, 마음속에서 말 더듬 증을 고치려는 간절한 바람이 꿈에까지 나타난 것이다.

🦋 숙부(아버지의 동생)를 만나는 꿈
- 보통 흉몽으로 질병이 생기거나 누군가의 사망 소식을 듣게 된다.

🦋 술을 빚는 꿈
- 멀리 있는 친구가 찾아온다. 때때로 혼란에 봉착하게 되고 마음이 불안하지만 열심히 노력하면 희망하는 바를 실현하고 크게 성공하여 원만한 결과를 보게 된다.

🦋 술 장사를 하는 사람을 보는 꿈
- 술장수는 병(瓶-주로 액체나 가루 등을 담는 아가리가 좁은 그릇)을 보관하는 사람으로 볼 수 있어, 어머니를 의미한다. 어머니의 유방은 영아의 '우유병'이니 병을 젖을 보관한 사람으로 상징된다. 꿈에 술을 파는 사람을 보았다면 어머니를 나타내는 것이다.

🦋 술 집을 보는 꿈
- 마음의 불안함을 의미한다. 어린 아기가 우유병을 물고 안정을 찾거나 만족을 느끼는 것과 같은 심리이다.

- 술 집을 경영하는 꿈은 다른 사람의 의견에 반대하는 행동을 하게 될 것이다.

- 술집에서 술을 마시는 꿈은 병을 앓거나 빚을 지게 된다. 또 사업에 손실을 보거나 사랑하는 사람이 배반한다.

🦋 숨는 것과 관련한 꿈

- 어떤 어려운 문제로 정신적으로 외부의 압력을 강하게 받고 숨어 버리려고 하나 숨을 곳조차 없어 쩔쩔매는 꿈은 생활이 지나치게 방만하고 질서가 없으며 봉착한 일에 대응할 만한 정신력이나 체력이 없다.

- 또 주변의 요구가 지나침을 상징한다. 너무 쉽게 많은 책임을 지고는 그것을 미루어 버릴 용기도 없다.

🦋 숨을 쉴 때 역한 냄새가 나는 꿈

- 질병이 생기거나 신변에 위험이 있다.

🦋 숫자, 시간, 비례 등과 관련한 꿈

- 꿈에 사람의 숫자, 시간이든 모든 것을 형상을 통하여 상징적으로 나타낸다. 예를 들면 꿈 18시이면 자신의 나이가 18세이고, 그 시기를 상징할 수 있다.

- 돈을 100만 원을 써버렸다면 어떤 일에 100일의 시간이 소요됨을 상징했을 수 있다.

- 어떤 일에 흥미를 가졌으나 날이 너무 저물어 포기하는 꿈은 그가 자기의 노년을 의식했음을 상징한다.

- 꿈에 회사 직원과 함께 하늘을 날고 있는데 빌딩을 지날 때 빌딩 높이의 3분의 1정도을 지나고 있다면, 진행 중인 일의 진도가 3분의 1정도 나가고 있다는 것을 의미한다. 꿈에서 보여주는 숫자, 비례는 확실하게 알려주기에 절대로 숫자, 비례와 관련한 꿈을 적당히 넘기지 말아야 한다. 대박의 기회를 잡을 수 있다.

- 꿈에 나타난 방향, 빛의 각도, 사람 수, 번호, 돈의 액수, 이름을 부르는 횟수 등 모두 중요한 의미가 숨겨져 있다.

🦋 습격을 당하는 꿈

- 동물이나 나쁜 사람에게 갑자기 습격을 당하는 꿈은 불안이나 장애가 생기게 된다.

- 그러나 대부분은 잠재의식 속에 성에 대한 공포나 기대가 아주 큼을 상징한다. 이런 꿈은 성의 욕구나 애정의 추구를 강렬하게 나타낸다. 이런 꿈을 여러 번 꾼 사람은 공포를 느끼는 것이 아니라 오히려 어느 정도의 기대감까지 있게 되는데 바로 자기가 좋아하는 사람을 악당, 나쁜 사람으로, 괴물로 등장시키는 것이다.

🦋 승객이 보이는 꿈

- 승객은 직접 차를 운전할 수 없고 선로를 간섭하거나 결정할 수 없다. 즉 문제의 결정권이 없을 때 이런 꿈을 꾸게 된다.

- 자신이 승객이 된 꿈은 소극성과 노예근성을 나타낸다.
- 지인이 승객이 된 꿈은 그 사람이 소극적이고 노예근성이 있는 그런 사람임을 상징한다.

🦋 숲속을 산책하는 꿈
- 숲속을 산책하는 꿈은 현실을 벗어나 이상을 추구한다.
- 무성한 숲속에서 길을 잃고 헤매는 꿈은 자신감이 없고 실패를 두려워한다. 생각이 많고 정리가 않되 판단을 내릴 수 없으면서도 주위 사람들의 의견을 받아들이려 하지 않고 제멋대로 횡설수설한다.

🦋 시간을 어기는 꿈
- 약속, 빨리 해결해야 할 일이 마음에 내키지 않거나 반갑지 않은 사람을 만나게 된다.
- 여자가 이런 꿈을 꾸었다면 생리나 임신을 불안해하는 것이다.

🦋 시계를 보는 꿈
- 대체로 죽음에 대한 공포나 불안을 나타내고, 특정한 기회가 주어졌지만 실패할까 걱정한다. 시계는 행동, 기획, 운동, 사업 등을 나타내고 시계를 본 꿈에서도 시간을 의식하게 돼 공부, 사업이 순조롭지 못할 때 꿈에 시계를 보게 된다.
- '똑딱똑딱' 시계의 소리가 들리는 꿈은 어떤 일에 대한 정신적 압박감을 나타낸다.

- 오전에 시계 점을 세는 꿈은 행복을, 오후에 시계 점을 세는 꿈은 불행이나 위험을 나타낸다.

- 시계가 점점 빨리 가고 시간을 정확하지 못하는 꿈은 건강이 좋지 못하다.

- 시계가 점점 늦어지는 꿈은 마음을 놓거나 마음의 빗장을 풀어서는 안 됨을 알려주고 있다.

- 괘종이 시계 추 흔들림을 멈추는 꿈은 공부 또는 사업에 조급증을 나타낸다.

- 두 개의 시계가 동시에 울리는 꿈은 생각지도 않은 좋은 운이 찾아온다.

🦋 시계가 끊임없이 계속 울리는 꿈

- 수술이나, 큰 사고로 인해 몸의 회복이 더딜 때 그 어떤 상황이 발생하더라도 생명은 끈질기게 연장해 나가고 있음을 의미한다.

- 이런 꿈을 꾸었을 때 건망증에 걸렸을 수도 있다.

🦋 시체를 보는 꿈

- 자신이 시체가 되어 있는 꿈은 자신의 잘못된 행동, 생각이 벌을 받지 않을까 두려워하거나, 도저히 풀 수 없는 어려운 문제에 봉착하여 죽음을 생각하거나, 질병으로 인해 시달림, 노쇠로 인한 죽음을 두려워하는 상황을 말한다.

- 다른 사람이 시체가 된 꿈은 누군가를 일에서 배제하려는 마음이 거나 또는 주변의 사람을 잃거나 사랑하는 사람을 잃게 될까 두려워함을 의미한다.

- 시체가 특정한 사람이 아닌 꿈은 숨기고 있는 비밀을 말한다.

- 시체를 발견하고, 옮기거나 매장하는 꿈은 다른 사람의 눈을 속이고 비밀을 숨기려 하는 것이다.

- 검은 옷을 입은 시체가 보이는 꿈은 사망 소식, 사업의 실패를 암시한다.

- 동물의 시체가 보이는 꿈은 사업이 실패하거나 건강에 이상이 생긴다.

- 가족 중 누군가의 시체가 나타나는 꿈은 그 사람이나 혹은 가족 중 다른 사람이 사망할 징조이다. 또는 가정에 불화가 생기거나, 사업이 불경기에 처할 것이다.

🦋 시험과 관련한 꿈
- 시험 그 자체를 상징할 뿐 현실적으로 어떤 위험을 받고 있음을 상징한다.

- 자신의 모든 고민이나 인생에 대한 불안을 상징한다.

- 시험이 아주 쉬운 꿈은 현실적으로 매우 어려워함을 상징한다.

- 시험이 아주 어려운 꿈은 심사숙고해서 결정하지 않으면 실수한다.

- 자신이 시험에 합격하는 꿈은 실패의 위험이 있다.

- 다른 사람이 시험에 합격하는 꿈은 자신이 뜻하는 바를 이룬다.

- 다른 사람이 시험에 떨어지는 꿈은 자신이 뜻하지 않게 실패를 본다.

- 거침없이 대답하는 꿈은 생각하지 못한 곳에서 실수가 나온다.

- 자기가 맞춘 문제를 꿈에서 보았다면, 진행 중인 계획을 변경해야 할 상황이 생긴다.

- 실수로 시험을 어렵게 본 꿈은 성의 경험이나 성숙을 상징하기도 한다.

- 성의 경험이 없는 사람은 자기의 성적 능력을 가늠할 수 없으므로 그것을 경험하는 과정은 곧 '시험'의 과정이다.

🦋 식사하는 꿈

- 혼자서 식사하는 꿈은 어떤 손실이 생기거나 우울증에 걸릴 징조이다.

- 누군가와 함께 식사를 하는 꿈은 주위 환경이 잘 정리되고 사업도 순조로워 큰 소득이 생긴다.

🦋 신랑, 신부를 보는 꿈

- 결혼을 하고 신랑, 신부가 되는 것은 자립, 새로운 생활 등과 관계가 있다. 한창 연애를 하고 있거나 누군가와 사랑을 하고픈 욕망을 나타내며, 또한 집을 떠나 성인이 해야 할 책임을 다하려는 의지이다.

신문, 메일과 관련한 꿈

- 소식과 관련된 꿈이다. 자신의 상황에 맞게 해석하면 된다.

- 사업을 계획하는 사람은 독립을 해도 성공할 수 있다.

- 독신인 사람이 이런 꿈을 꾸었다면 과부를 아내로 맞게 된다.

- 연애 중인 사람은 연인이 멀리 여행을 떠나 오랫동안 볼 수 없다가 다시 만난다.

- 정치인은 민심이 움직일 만한 중대한 사건이 발생한다.

신발과 관련한 꿈

- 꿈에 나타난 신발은 대체로 사랑, 결혼 등 이성과 관계가 있다.

- 다른 사람의 신발을 벗기는 꿈은 오랫동안 이별을 상징한다.

- 신발을 벗어버리는 꿈은 불행을 겪게 된다.

- 신발이 망가지는 꿈은 가족에게 병이 침범한다.

- 새 신발을 신는 꿈은 새로운 사랑하는 사람을 만나게 된다.

- 멋진 신발이나 굽 높은 신발이 보는 꿈은 자기가 동경하는 연인을 상징한다.

- 신발이 여기저기 지저분하게 널려 있는 꿈은 이성 관계가 문란함을 상징한다.

- 신발 소리를 들었다면 애인이 있으면 좋겠다는 생각이 현실로 이루어진다.

- 낡아 떨어진 신발이 보이는 꿈은 질병과 유혹이 위협하고 있는 것이다.

- 자신의 신을 다른 사람이 신고 있는 꿈은 사업을 하는 사람은 영업권, 직장인 경우는 직위를 경쟁자에게 빼앗기게 된다.

- 낡고 닳아서 다 떨어진 신발이 보이는 꿈은 거부할 수 없는 유혹이 당신을 손짓하고 있는 것이다.

- 새 신발을 신었는데 너무 딱 맞아 발이 아픈 꿈은 경솔한 행동으로 인해 자신을 공경에 빠뜨리게 된다.

🦋 신부(新娘)가 키스하는 꿈

- 신부가 다른 남자와 키스하는 꿈은 많은 인맥이 넓은 신부를 맡게 된다.

- 신부가 자신과 키스하는 꿈을 꾸었다면 많은 재산을 상속받은 신부를 맡게 된다.

🦋 신부 들러리를 서는 꿈

- '신부 들러리를 서는 사람은 신부가 될 수 없다'라는 말이 있다.

- 신부 들러리를 서는 꿈은 자기를 사랑해 줄 사람이 없게 될까 하는 두려움이나, 결혼 공포증을 나타낸다. 또 가정의 보호를 받던 안전지대를 벗어난 불안감과 새로운 성장을 원하는 복잡한 감성을 상징한다.

🦋 신선을 만나는 꿈

- 신선을 만나 마음이 아주 유쾌한 꿈은 건강이 회복되었다는 소식을 듣거나 친척들로부터 유산을 상속받게 된다.

🦋 신음소리와 관련한 꿈

- 사랑하는 사람의 어리석은 행동 때문에 몹시 괴로워한다.

🦋 실명과 관련한 꿈

- 사랑하는 사람, 자신 둘 다 실명하는 꿈은 잘못된 선택으로 헤어지게 된다.
- 맹인을 보는 꿈은 믿을 수 있는 진실한 친구가 없음을 뜻한다.

🦋 실직을 당하는 꿈

- 여자가 이런 꿈을 꾸면 불임 나타낸다.

🦋 심장과 관련된 꿈

- 심장을 먹는 꿈은 갑자기 성격이 괴팍해지고 변태적인 욕망을 나타낸다.
- 자신의 심장이 보이는 꿈은 고치기 힘든 병을 앓게 된다.

🦋 십자가를 보는 꿈

- 십자가를 들고 있는 꿈은 많은 사람으로부터 비난을 받을 수 있다.
- 남성의 상징하는 성기가 갑자기 십자가나 예수의 수난상으로 탈바꿈한 꿈은 정신적인 금기를 상징한다. 십자가는 하나의 경고로 도덕적으로 자신을 단속해야 함을 암시해 주는 것이다.

싸움과 관련된 꿈

- 흥분, 떠들썩함이나 혼란, 불쾌한 마음이 풀리지 않음을 상징하며 스스로의 힘으로서는 도저히 막을 수 없는 권력에 대한 항의를 나타낸다.

- 그러나 때로는 자기가 미워하는 사람과의 싸움, 자기를 방해하는 사람과의 싸움, 자기의 약점과의 싸움, 봉착한 어려움과의 싸움을 상징할 수도 있다.

- 자신이 싸움판에 있는 꿈은 지인, 친구, 사랑하는 사람과 돌이킬 수 없이 멀어짐을 상징한다. 만약 결혼한 사람이 다투는 꿈을 꾸었다면 주위 환경이 더욱 어려워진다.

- 한바탕 싸우는 꿈을 꾸었다면 자신의 이익을 위해 방어 태세를 갖추고 어려움을 극복하며 성취감을 얻게 된다.

- 싸움에서 이겼다면 자신을 일을 방해하는 경쟁자의 계략을 꺾어버리고 사업에 성공하며, 사랑도 원만하게 된다.

- 취업을 준비하는 취중생은 어려움이 있겠지만 원하는 직장에 합격한다

- 싸우는 꿈은 사람이든, 짐승이든 반드시 이겨야 길몽이다.

 쌀을 쌓아 놓은 것을 보는 꿈

- 가득 쌓인 쌀을 보는 꿈은 삶이 여유로워지고, 결혼이 원만하게 이루어지며 많은 자녀를 두고 복을 누린다.

🦋 쓰레기를 보는 꿈

• 꿈에 본 쓰레기는 아무런 가치도 없는 지저분한 사람을 상징한다.

🦋 씻는 꿈

• 꿈에서 씻고 닦고 하는 것은 마음 깊은 곳에 있는 죄의식이나 충동을 깨끗이 씻어내려는 의지를 나타낸다. 그리고 죄의식과는 무관하게 과거를 기억 속에서 흘려보내고 새롭게 출발하려는 의지를 상징하기도 한다.

• 몸을 깨끗이 씨는 꿈은 현실에 대한 초조함과 자신을 변화시키려는 의지를 나타낸다.

• 얼굴을 씻는 꿈은 마음을 깨끗이 정리하거나, 동료에게 마을을 바꾸도록 요청하는 것이다.

• 무엇인가를 쓸어버리는 꿈은 불쾌한 사람이나 일, 물건을 내버리려는 마음이다.

• 때나 다른 더러운 것이 보이는 꿈은 과거의 실패를 마음 깊이 새겨 두고 그것이 오점으로 낙인찍히는 것이다.

• 손발을 씻는 꿈은 가슴에 쌓인 우환이 사라진다.

• 목욕하는 꿈은 질병이 사라지고 건장을 되찾는다.

• 비누가 보이는 꿈은 책임감과 도덕관을 상징한다

• 아주 큰 청소하는 빗자루, 솔이 보이는 꿈은 마음속의 죄의식을 상징한다.

제3장
꿈풀이

🦋 아기와 관련된 꿈

- 여자가 아기를 안는 꿈을 꾸면, 보통 불임증과 관련된다

- 죽은 아기가 보이는 꿈은 마음에 내키지 않는 일로 마음이 불편하다.

- 유부녀가 몸을 푸는 꿈을 꾸었다면 건강한 아이를 갖게 된다.

- 갓난아기를 보는 꿈은 누군가에게 의지하고 사랑받고 싶은 마음을 나타낸다. 또 자신은 아무것도 모르고 아무것도 하려 하지 않은 어린이로 상상해 배려와 보호를 바라는 마음이다.

🦋 아름다움과 관련한 꿈

- 자신이 매우 아름답게 비춰지는 꿈은 질병으로 매우 허약해짐을 나타내고, 친구가 아름다웠다면 친구가 병을 앓게 된다.

🦋 아버지 또는 어머니의 형제자매가 보이는 꿈

- 마음에 내키지 않은 일을 하게 되거나, 병이 생긴다.

🦋 악마가 보이는 꿈

- 기만, 농간, 이간질, 상해 등을 상징한다.

- 농부가 꿈에 악마를 보았다면 농사가 잘 안되거나 가축이 병에 걸린다.

- 도박꾼이 꿈에 악마를 보았다면 도박에서 손을 떼라는 경고인데 그 경고를 받아들이지 않고 계속한다면 경찰에 잡히게 된다.

🦋 악어가 보이는 꿈

- 간교하고 음흉한 적의 상징물일 수 있으므로 조심스럽게 대책을 세워야 한다.

🦋 알(卵)을 보는 꿈

- 오래되었거나 변질된 알이 보이는 꿈은 재산이 줄어들거나 타락할 징조이다.

🦋 암(癌)을 앓고 있는 사람을 보는 꿈

- 암을 앓고 있는 사람이 보이는 꿈은 가증스러운 일들이 발생하거나 가까이 지내는 누군가가 병을 앓고 사랑하는 사람과 사이가 벌어질 것이다.

- 하는 일에 아무런 이익도 없고 오히려 두려움을 느끼게 할 것이다.

🦋 액체가 끊임없이 흘러내리는 꿈

- 높은 곳에서 수돗물처럼 흰 액체가 끊임없이 흘러내리는 꿈은 구토증에 걸렸을 수 있다. 이런 증상이 생기는 원인은 역반심리(다른 사람이 '맞다.'라고 하면 '아니다.'라고 생각하게 되는 심리)로 외부에 지나친 정신적 압박에 의한 긴장 등이다.

🦋 앵두를 먹는 꿈

- 보통 태몽으로 아름다운 여자아이를 갖게 된다.

🦋 열매를 관련된 꿈

- 큰 열매는 겉모습과 달콤함은 여자의 가슴을 상징한다.

- 말라버린 열매를 보는 것은 재산상 손해를 보게 되거나 가까이 지내는 지인의 안타까운 소식을 듣게 된다.

🦋 약을 먹는 꿈

- 약을 먹는데 냄새가 토할 듯이 역겨운 꿈은 아주 불쾌한 일에 부딪치나, 그것도 잠시 모든 것이 잘 풀린다. 그래서 길몽이다.

- 약의 맛이 좋았다면, 주변에 시끄러운 일이 생기지만 점점 좋아질 것이다.

- 약을 목으로 넘기기가 매우 힘들었다면, 고치기 힘든 병으로 한동안 고생한다.

🦋 양(羊)과 관련한 꿈

- 양들이 무리 지어 풀을 뜯는 꿈은 자손, 사업의 번성과 즐거움을 상징한다.

- 양 떼들이 뿔뿔이 흩어지는 꿈은 경쟁자의 공격을 받게 된다.

- 처녀가 양털을 깎는 꿈은 부자와 결혼한다.

🦋 양산을 쓰고 지나가는 사람을 보는 꿈

- 예쁜 여자아이가 고운 양산을 쓰고 자신의 앞을 지나가는 꿈은 자신이 하고 있는 일에 나쁜 유혹을 암시한다.

- 낡아서 색이 바랜 양산이 쓰고 자신의 앞을 지나가는 꿈은 사업이 점점 기울고 생활 형편이 나빠진다.

🦋 양어장과 관련한 꿈

- 고기를 기르는 못이 바닥이 훤히 들여다보이도록 맑고 고기들이 떼를 지어 노니는 꿈은 사업이 크게 성공하고 안정된다.

- 연못이 마르고 고기가 보이지 않는 꿈은 거래처가 줄면서 사업 실패를 상징한다.

- 맑은 양어장에 빠지는 꿈을 여자가 꾸었다면 태몽으로 아이를 갖는다.

🦋 양파를 먹는 꿈

- 양파를 먹는 꿈은 잃어버렸던 물건이나 돈을 찾게 된다.

- 양파의 껍질을 벗기면서 눈이 아프다면 친구나, 친한 사람과 말다툼을 하고 후회하게 된다. 양파를 선물로 받았다면 병으로 앓아 누웠던 친구가 건강을 회복한다.

🦋 양호실 가는 꿈

- 학교의 양호실에서 휴식을 취하거나 침대에 누워 있는 꿈은 부득이 마음에 내키지 않는 일을 하거나, 신체 검사 때 친구들 앞에서 살찐 몸이나 생리 변화를 부끄러워하는 것이다.

🦋 어머니, 아버지가 보이는 꿈

• 꿈에 나타난 아버지는 흔히 권위나 존엄의 상징으로서 자신에게 강력한 지배력을 행사하는 사람이다. 어머니는 윤리 도덕의 상징으로서 흔히 어떤 괴로운 일이 있을 때나 응석을 부리고 싶을 때, 잘못을 저질러 관용을 바랄 때 모친이 나타나게 된다.

🦋 어둠과 관련한 꿈

• 어둠 속에서 길을 잃고 갈팡질팡하는 꿈은 눈앞의 사태가 더욱 악화되고 경솔함 때문에 명예에 손상을 입게 된다. 만약 어둠 속에서 탈출해 태양을 본다면 곤경에서 벗어나 다시 행복과 명예를 찾게 된다.

🦋 어린이가 임금, 장군이 되는 꿈

• 폭력적인 아이이거나, 평상시에 항상 부모에게 매를 맞고 벌을 받으면서도 전혀 변명할 기회마저 없이 자유를 박탈당한 아이이다. 그래서 꿈에서 업신여김이나 억눌림을 받지 않고 오히려 남을 공격하면서 자기는 더 이상 약자가 아니라는 것을 나타내는 것이다.

• 꿈속에서 자기는 언제나 강자로 나타나 아무 때나 다른 사람을 좌지우지하고 자기한테 복종하도록 강요하는 것이다. 일반적으로 아이들에게 위력을 과시하는 것이 폭력, 언어폭력이므로 동화를 통해 임금, 장군의 지위를 알게 된 아이에게는 그것이 바로 지배욕의 상징으로 나타날 수 있다.

🦋 어린이들이 나타나는 꿈

- 어린이 웃음소리가 넘쳐나고, 자신도 다시 어린이로 되돌아가 뛰어다니면서 아이를 찾는 꿈은 성년 도피증을 상징하거나, 부모가 되고 싶으나, 아직 자신의 가정을 갖지 못함을 상징한다.

- 아이에게 음식을 먹이는 꿈은 애정의 상처, 불행, 실망을 상징한다.

- 어린아이를 돌보는 꿈을 미혼녀가 꾸었다면 유혹을 받을 위험이 있거나, 사랑하는 사람에게 버림을 받는다.

- 만약 젊은 남자가 꿈에 결혼을 하고 아이에게 음식을 먹이는 꿈은 사랑하는 사람에 대한 실망을 나타낸다.

🦋 어머니가 자신의 어린아이를 돌보는 꿈

- 어머니가 아이가 감기에 걸려 자신의 어린아이를 돌보는 꿈을 꾸었다면 아이는 아주 건강하나, 어머니는 작은 일로 늘 근심하기 때문이다.

- 아이가 몹시 아파 죽는 꿈은 큰 걱정거리가 생기게 된다.

🦋 어머니를 보는 꿈

- 어머니의 하체가 보이는 꿈은 구사일생으로 목숨을 구한다.

🦋 얼음과 관련한 꿈

- 얼음과 관련한 꿈은 불길한 것이므로 대체로 실패, 버림, 조난, 가난 등을 상징한다. 얼음 밑에 있는 사람과 이야기를 나누는 꿈은 내가 중매를 서게 됨을 뜻한다.

- 지붕 위에 얼음이 얼어붙은 꿈은 생활 형편이 안 좋아 힘들 상태다.

- 울타리에 얼음덩이가 달린 꿈은 병이 생길 징조다.

- 얼음 물을 받아서 마시는 꿈은 몸이 나빠질 징조이다.

- 얼음을 만든 꿈 역시 질병이 생긴다.

- 그러나 고드름을 본 꿈은 길운이다. 만약 남자가 이런 꿈을 꾸었다면 재주가 많은 아름다운 여인과 결혼하고 아내가 남편한테 충성함을 상징한다.

- 만약 젊은 여자가 이런 꿈을 꾸었다면 부자에게 시집을 가서 아들을 낳고 아들은 또한 사회적 지위가 높게 된다.

🦋 엘리베이터를 타는 꿈

- 결혼을 약속한 사이라면 서로 결혼에 대해 다른 생각을 가지고 있다.

- 엘리베이터를 타고 올라가는 꿈은 사회적인 직위가 높아진다.

🦋 여관이 보이는 꿈

- 여관에서 여자를 만나는 꿈은 생활이 아주 방탕함을 나타낸다. 이런 꿈을 자주 꾸면 성병에 걸릴 수도 있다.

- 여관에 머무르는 꿈은 가난, 실패, 손실, 버림 등을 상징한다

🦋 여자를 뒤 쫓아다니거나, 폭행하는 꿈

- 남자의 경우 발기부전증이 있음을 말해 준다.

- 남자의 성기가 정상적으로 발기되지 못하거나, 발기되었다 해도 섹스를 정상적으로 하지 못하고 실패한 경험이 있다.

- 또 이런 사람들의 꿈에는 동성연애를 하는 경향이 나타난다.

🦋 여왕을 보는 꿈

- 어머니를 상징한다.

🦋 여우를 보는 꿈

- 음험하고 교활하며 믿을 수 없는 사람이나, 그런 경쟁자가 있음을 상징한다.

🦋 여자 노인과 관련한 꿈

- 남자가 꿈에 여자 노인에게 사랑을 고백했다면 무엇이든 크게 성공하고, 젊고 아름다운 여자를 아내로 맞고 행복한 가정을 일굴 것이다.

🦋 여자아이가 등장하는 꿈

- 귀엽고 어린 여자아이를 꿈속에서 보았다면 모든 일이 잘 되고 가정이 화목하며 복을 받는다. 만약 남자가 자신이 어린 여자아이로 변하는 꿈을 꾸었다면 현재의 어려운 상황에서 빠져나가고 싶은 마음이다.

🦋 여행과 관련한 꿈

- 이국적인 곳으로 여행을 하는 꿈은 환경에 커다란 변화가 생기고 새로운 출발을 하려는 의지를 상징한다. 여행이 즐거웠다면 환경 변화가 자신에게 유익함을 상징하고, 반대로 여행이 불쾌했다면 모든 변화가 자신에게 불리함을 상징한다.

- 회사에서 동기는 크게 활약하는데 자신은 제자리에서 맴도는 것 같아 불만을 느끼고 불안해하는 마음을 나타내기도 한다.

🦋 역(기차역, 버스터미널, 공항 등)이 보이는 꿈

- 무엇인가 로부터 도피하려 하거나, 어떤 곳으로 가고 싶어하는 것이다.

🦋 역경과 관련한 꿈

- 자신이 역경 속에서 허둥대는 꿈은 대체로 길몽이다.

- 정작 꿈의 내용과는 반대의 뜻인 번영창성(繁榮昌盛)을 상징한다.

- 다른 사람이 역경에 처한 꿈은 수시로 변하는 주변 환경과 회사 동료, 친구 등이 몸이 아파서 자기가 계획한 일이 성공하지 못할까 봐 걱정하게 된다.

🦋 연구실이나 실험실이 보이는 꿈

- 생소한 일에 호기심이 강렬한 유혹을 느끼나 실천은 어렵다.

🦋 연기와 불이 보이는 꿈

- 회사에서 성과의 대가로 휴가를 받아 멀리 여행을 떠난다.

🦋 연못을 보는 꿈

- 깊은 연 못을 보는 꿈은 혼란스러운 일이 생기게 될 징조로 곤경에 빠져도 도움을 받을 수 없다.

🦋 연설과 관련한 꿈

- 웅변가처럼 거침없이 연설을 하는 꿈은 평소 관심을 갖고 있는 일에 기쁜 소식이 들린다. 격정적인 명연설이었음에도 사람들이 무감각하게 듣는 꿈은 사업에 우여곡절이 있게 된다.

🦋 연을 띄우는 것과 관련한 꿈

- 하늘을 높이 나는 연을 보았다면 성공, 번성이나 승진을 하게 된다.
- 그러나 연줄이 끊어졌다면 모든 것이 물거품이 된다.

🦋 열쇠와 관련된 꿈

- 열쇠를 잃어버리는 꿈은 실망이나 불쾌함을 상징한다.
- 모르는 사람에게 열쇠를 건네 주는 꿈은 결혼을 하게 된다.
- 잃어버린 열쇠를 찾아내거나, 받는 꿈은 태몽으로 기다리던 아이가 생긴다.
- 열쇠 뭉치를 보는 꿈은 사업이 잘되 재산이 늘어난다.

- 부러진 열쇠가 보이는 꿈은 의심 때문에 둘 사이가 벌어지게 된다.

- 젊은 여인이 꿈에 열쇠를 잃어버렸다면 남자 친구와 크게 다투게 된다.

- 열쇠를 줍는 꿈은 고민하든 문제의 답을 얻는다. 만약 은빛 열쇠였다면 자신의 행위에 책임을 지고 문제를 해결할 수 있는 방법을 찾게 된다.

- 열쇠를 아무리 찾아도 결국 찾지 못했다면, 도저히 문제를 해결할 수 있는 방법을 찾을 수가 없어 초조 해하는 것이다.

영구차가 보이는 꿈

- 부부 양쪽이 결혼 생활이 성실하지 않음을 나타낸다.

- 사업에 애로가 많거나 가까운 사람의 사망 소식을 듣게 된다.

- 자신이 영구차 속에서 갑자기 벌떡 일어나 앉는 꿈은 크게 좌절을 당하여 곤경에 빠진다. 또는 자신이나 친구 중에서 누군가 치유할 수 없는 질병에 걸릴 수 있다.

영화를 보는 꿈

- 현실 도피 혹은 현실에 대한 욕망의 표현이다.

- 많은 사람으로부터 인정을 받거나, 사람에게서 칭찬을 받으려 하는 것이다. 이런 꿈은 강렬한 표현 욕과 변신 욕을 상징하는데 다른 사람으로부터 자신의 재능을 인정해 주기를 바란다.

- 즐겁게 영화를 보는 꿈은 결혼 생활이 달콤하고 사업에 계속 성 공한다.

- 자신이 영화 속 배우가 되는 꿈은, 결코 좋은 꿈이 아니다.

🦋 오이를 먹는 꿈
- 오이밭에서 오이를 먹거나 따는 꿈은 번영하고 부유를 상징한다.

- 아픈 사람이 잘 익은 오이를 먹는 꿈은 건강이 점점 회복될 것이다.

- 결혼한 사람이 오이를 먹는 꿈을 꾸었다면 새로운 수입이 생겨 난다.

🦋 옥수수 밭을 보는 꿈
- 길몽이다. 신체가 건강하고 가정이 행복하며 사업이 잘 풀려 재 산이 늘어난다. 사업,기업을 하면 크게 성공하고, 애정에 있어서 도 밀월같이 달콤할 것이다.

🦋 온도계가 고장 난 꿈
- 평소에 대수롭지 않게 생각 하든 병이 큰 병이 될 수 있다.

🦋 온실과 관련한 꿈
- 온실이 보이는 꿈은 모르는 사람의 말을 믿어 해를 입게 된다.

- 젊은 여자가 자신이 온실에 있는 꿈은 시끄러운 일을 당하고 명 예도 손상을 받게 된다.

🦋 옷과 관련 꿈

- 옷을 보면 흔히 생활, 성격, 느낌 등을 상징하고, 몸을 감는 물건이기 때문에 자신을 은폐하는 수단이다.

- 남자가 치마를 입고 있는 꿈은 실생활에서는 상 남자이나, 마음 속에는 여자의 섬세함이 있다.

- 이것저것 여러 가지 옷을 입어보는 꿈은 생활을 변화시키려는 강렬한 마음과 하루빨리 성인이 되고 싶은 마음을 상징한다.

- 아주 귀중한 옷을 소유하고 있는 꿈은 재운이 트일 징조이다.

- 옷을 벗거나 잃어버린 꿈은 귀중한 물건을 잃게 되고 도저히 실현될 수 없는 몽상, 또는 경쟁자가 생긴다.

- 몸에 맞지 않는 옷을 입고 있는 꿈은 모험이 실패로 끝나거나, 이성과 다툼이 있게 된다.

- 아무리 옷을 벗으려 해도 벗을 수가 없는 꿈은 어떤 틀 속에서 도저히 벗어날 수 없음을 상징한다.

- 사람들이 칭찬하는 디자인이 된 옷을 입으면 곧 기쁜 소식이 전해온다.

- 누런 옷을 입은 사람들이 자기를 둘러싸는 꿈은 경쟁자의 함정에 빠지게 된다.

- 흰옷을 입은 사람이 손짓하며 부르는 꿈은 가까운 시일 내 상복을 입게 된다. 흰옷을 입는 꿈은 누군가의 모략에 빠질 수 있다.

- 옷을 걸치지 않고 발가벗은 꿈은 길몽으로 계획하고 있든 일이 크게 성공한다.

- 다른 사람이 주는 옷을 받는 꿈은 옷을 주는 사람의 운을 받게 된다.
- 임산부가 이런 꿈을 꾸면 태몽으로 총명한 아이를 낳는다.
- 무늬가 화려한 비단옷을 입은 꿈은 자손이 번성한다.
- 옷을 씻어 물들이는 꿈은 대길할 징조이다.
- 옷이 갑자기 찢어지는 꿈은 아내가 다른 마음을 품고 있다는 것이다.

옷을 보는 꿈

- 꿈에 나타난 옷은 대체로 사람의 외모를 상징한다.
- 그리고 누군가 꿈에 직접 나타나지 않았을 때는 흔히 옷으로 그 사람을 상징할 수 있다. 그 외에도 옷은 허위나 신분, 그 사람의 기질이나 개성을 상징하기도 한다.
- 젊은 여자가 꿈에 검은 옷차림을 하고 있었다면 벌을 받고 억울해함을 상징한다.
- 흰옷을 입은 사람과 동행하는 꿈은 병과 곤경을 나타낸다.

왕관을 쓰는 꿈

- 왕이 왕관을 쓰고 있는 꿈은 직장에서 승진을 하게 된다.
- 자신이 왕관을 쓰고 있었다면 비난을 받게 된다.
- 왕관이 보이는 꿈은 생활에 근본적인 변화가 생겨서 멀리 집을 떠나 타향에서 새로운 사람들을 사귀게 된다.
- 왕관을 다른 사람에게 넘겨주는 꿈은 독립하게 될 것이다.

🦋 왕을 만나는 꿈

- 아버지를 상징하거나 금전, 원조자(援助者)를 상징한다. 만약 왕과 이야기를 나누는 꿈을 꾸었다면 어떤 막강한 지위를 가지게 된다.

- 처녀가 왕을 알현하는 꿈을 꾸었다면 미래의 남편이 부유하거나 좋은 자리에 오르게 된다.

🦋 왕자나 공주가 보이는 꿈

- 자기 자신이나 자신의 형제 자매를 상징한다.

🦋 외국에 나가는 꿈

- 외국에 나간 꿈은 어떤 큰 설계를 완성하게 되거나, 새로운 일에 부딪치게 된다.

- 만약 고층 건물이 즐비하게 늘어선 아름다운 풍경을 보았다면 성공을 하게 된다.

- 외국인을 만나는 꿈은 어려운 일을 해결해 주거나, 도움을 줄 수 있는 사람을 만나게 된다. 만약 여자가 외국인을 만나는 꿈을 꾸었다면 멋진 남성의 구혼을 받게 된다.

🦋 외국어를 유창하게 구사하는 꿈

- 외국어를 유창하게 구사하는 꿈은 자신의 생각에 다른 사람들이 호응한다.

- 만약 국적을 알 수 없는 외국어를 듣는 꿈은 진행하는 일이 문제에 부딪치게 된다.

🦋 외국에 있는 친구를 만나는 꿈

- 외국에 있는 친구를 만났는데 친구가 병을 앓고 있다면 불쾌한 소식을 듣게 된다. 친구가 건강하다면 잘 지내고 있으며, 그와의 우정을 잊지 않고 있는 것이다.
- 만약 꿈에 친구의 사망을 보았다면 결혼과 관련한 좋은 소식을 듣게 된다.

🦋 외다리로 서있는 꿈

- 외다리로 서 있는 꿈을 꾸었다면 '홀로서기'를 하게 된다.

🦋 요람이 보이는 꿈

- 요람을 흔들면서 아기를 재우는 꿈은 가족 중의 누군가가 중병을 앓을 것이다.
- 요람을 보이는 꿈은 요람 시절로 돌아가려는 소망, 다시 어린 아기처럼 어머니에게 기대려는 마음이나 사랑과 보살핌을 받으려는 소망을 상징한다.
- 또는 집에 어린아이가 있으면 좋겠다는 마음이다.

🦋 요리사가 해주는 음식을 먹는 꿈

- 어머니나 아내가 음식을 마련하여 대접하는 것처럼 꿈에 나타난 요리사는 사랑을 주는 사람을 상징한다.
- 만약 꿈에 본 요리사가 요리를 만들어 사람들에게 나누어 주지 않는다면 사랑을 줄 수 없는 사람을 상징하고, 만들어 준 음식이

입맛에 맞지 않는 꿈은 그 사랑을 도저히 받아들일 수 없음을 상 징한다.

🦋 요리하는 꿈

- 요리를 만든다는 것은 사랑이나 자비심이나 배려를 베푼다는 의 미가 있다.

- 요리를 만들었으나 별로 풍성하지 않은 꿈은 사랑에 있어서 별로 깊지 못하고, 누군가를 초조하게 하려는 마음을 나타낸다.

- 꿈속에서 만든 요리가 사람들에게 환영을 못 받았다면 사랑이 충 분하지 못하거나 요리를 먹는 사람이 이기적인 행위에 불만이 있 음을 나타낸다.

🦋 욕실이 보이는 꿈

- 정결함을 나타내기도 하고 행동이나 사고가 단순함을 상징한다.

- 번뇌에서 벗어나려 하거나 스스로 괴롭힘을 상징하기도 한다.

🦋 용과 관련한 꿈

용꿈은 전통적으로 보통 길몽 또는 태몽으로 신성시 여기고 있으 며, 재물 사업운, 승진 합격운, 권력을 잡는 운, 태몽, 흉몽으로 크 게 나눌 수 있다.

자신이 스스로 만들어낸 상징적 의미가 많으며 스스로 해몽이 가 능하다.

재물, 사업 운

🦋 용 그림이 그려진 부채로 부채질하는 꿈

🦋 용이 여의주를 물고 하늘로 올라가는 꿈

🦋 용이 금덩어리를 토해 내는 꿈

🦋 용을 손으로 꼭 잡는 꿈
- 뜻대로 소원성취를 한다.
- 사업이 순조롭게 잘되고 뜻밖의 횡재수가 있다.

승진, 합격 운

🦋 용의 울음소리가 드리는 꿈

🦋 물기둥이 용이 되어 하늘로 올라가는 꿈

🦋 활로 쏘아 뱀이나 용을 맞추는 꿈
- 지인, 형제로부터 입학, 승진, 합격 등 반가운 소식을 듣게 되거나, 사업상 기쁜 소식을 듣는다.

권력을 잡는 운

🦋 한 마리 새가 용으로 변해 하늘로 승천하는 꿈

🦋 용이 많은 무리를 이끌고 내려오는 꿈

🦋 용포를 입고 하늘을 나는 꿈

🦋 용의 무리가 서로의 꼬리를 물고 하늘로 승천하는 꿈

🦋 명함의 이름이 용으로 변하는 꿈
- 정치를 하는 사람이 자주 꾸는 꿈으로 나를 따르는 많은 무리를 두게 되고, 귀인을 맞나 뜻한바를 이룬다.

태몽

🦋 용이 품안으로 들어오는 꿈

🦋 용이 여자의 치마 안으로 들어오는 꿈

🦋 임산부가 용을 낳는 꿈

🦋 뿔이 달린 용이 집안으로 들어오는 꿈

🦋 용이 하늘에서 내려와 방으로 들어오는 꿈

🦋 금빛 잉어가 용이 되어 승천하는 꿈

🦋 용이 내 신체 부위를 무는 꿈

🦋 용이 자신의 다리를 베고 눕는데 해와 달이 배 속에 떨어지는 꿈

🦋 염주 알이 용이 되어 하늘로 올라가는 꿈
- 종교에 몸담아 훌륭한 성직자가 자식이 태어난다.

🦋 두 마리의 용이 서로 마주보고 있는 꿈

🦋 용이 죽거나, 여의주를 잃어버리는 꿈
- 장사, 사업상 경쟁자가 생기거나, 진행 중인 일에 문제가 발행하여 큰 손실을 입게 된다.

🦋 우물이 보이는 꿈
- 맑고 깨끗한 우물이 보이는 꿈은 경제적으로 생활이 풍족함을 상징한다.
- 우물이 흐리거나 검은색의 꿈은 친구를 잘못 사귀어 불쾌할 것이다.
- 물이 말라버렸거나 갈라 터진 샘터를 보았다면 가까운 시간 내 상복을 입게 된다.
- 젊은 여자의 그림자가 우물에 아롱거리는 꿈은 유혹을 이겨내지 못하고 넘어가 재산의 큰 손실을 보게 될 것이다.

🦋 우박을 맞는 꿈
- 꿈에서의 우박이나 가로막힘은 흔히 어혈의 상징이다.
- 만약 남자가 꿈에 우박과 무엇에 막히는 것을 보았다면 실망과 불경기와 어혈의 징조이거나 신체에 병이 들고 있음을 상징한다.

🦋 우산, 양산을 쓰는 꿈
- 빈틈없이 보호를 받으려는 마음을 상징하거나 무엇인가를 숨기려 하는 것이다.
- 좋아하는 사람과 함께 하나의 우산을 쓰는 꿈은 그의 즐거움을 오래도록 함께 하려 하거나 그의 보호를 받으려 하는 것이다.

🦋 우상(偶像-목석(木石)이나 쇠붙이로 만든 신불)을 섬기는 꿈
- 우상 앞에 무릎을 꿇고 있는 꿈은 경쟁에서 져 재물과 명예를 얻기 힘들다.
- 우상을 깨 버리는 꿈은 자기 억제력이 있어 자신의 뜻을 실현한다.
- 다른 사람 등의 우상을 보는 꿈은 친구와 사이가 갈수록 멀어지게 된다.

🦋 우월감과 관련한 꿈
- 위임을 받고 누군가를 판결한다. 갑자기 어떤 권위를 획득한다. 사람들이 그의 연설을 열심히 듣는다. 득의에 찬 얼굴이다. 자신은 초인(超人)이기에 신성하고 비범하며 어떤 일에서도 정확하다고 인정한다.
- 이런 모습을 꿈에서 보았다면 자신의 명성에 지나치게 피로함을 상징한다. 근본적으로는 자비의식에 고통을 느끼면서도 우월감을 나타내며 자기를 미덕의 표본으로 내세워 다른 사람의 옳고 거름에 결론을 내리려 한다.

🦋 우유를 마시는 꿈

- 어머니의 보호를 받으려는 소망이나, 어머니의 사랑으로 타인을 배려한다.

- 신선한 우유를 마시는 꿈은 신체가 건강하고 희망했던 일이 이루어진다.

- 또 재물이나 지혜가 점점 많아질 것이다.

- 우유를 파는 꿈은 사업이 불경기를 맞아 장사가 힘들다.

🦋 운동회를 보는 꿈

- 운동회와 같이 많은 사람이 모인 장소에서 자신을 드러내는 꿈은 지금 생활 형편이 좋고 하는 일에 자신감을 나타낸다.

🦋 운전과 관련한 꿈

- 지인이 운전하는 차에 타는 꿈은 운전자가 자신의 운명을 좌지우지할 사람이다. 만약 그 사람이 차를 아주 안전하게 목적지까지 운전했다면 자기의 운명을 그 사람에게 맡기려는 신뢰감을 나타낸다.

- 애인과 드라이브를 즐기려 는데 도저히 차가 움직이지 않는 꿈은 성(性)과 관련한 일이 뜻대로 되지 않아 불만이 있거나, 두 사람의 관계를 원만하지 못하는 것에 대해 불만을 나타낸 것이다.

🦋 울타리를 보는 꿈

- 꿈에 녹색 울타리를 보았다면 주위 환경이 마음에 드는 것이다.

- 울타리에 핀 꽃을 보았다면 모든 일이 성공적으로 해결될 것이다.

- 가시나무 울타리에 갈 길이 막혔다면 경쟁에서 실패하게 된다.

- 열애 중인 사람이 이런 꿈을 꾸었다면, 매정한 라이벌에게 패배한다.

- 누군가와 나란히 울타리에 앉았다가 갑자기 울타리가 넘어져 그 아래에 몸이 깔렸다면 뜻밖의 사고로 상처를 입게 될 것이다.

🦋 움직일 수 없는 꿈

- 꿈에 움직일 수 없거나 달릴 수 없거나 목표물을 찾을 수 없었다면 심리적인 갈등을 나타낸다.

- 기차를 놓치지 않으려고 애썼지만 도무지 달릴 수 없다거나, 누군가가 계속 쫓아오는데 아무리 도망치려 해도 걸음을 내디딜 수 없는 것은 모두 심리적인 갈등을 상징한다.

- 남자가 칼을 갖고 덮치는데 달아나려고 아무리 애를 써도 도저히 움직일 수 없는 꿈을 여자가 꾸었다면, 습격을 두려워하면서도 한편으로는 그의 습격을 바라고 있는 것이다.

- 길을 재촉하는데 잊거나, 챙기지 않은 것 때문에 허둥거리는 꿈은 지나친 성취욕에 급급해 하지 말아야 한다.

- 가위눌림과는 구분된다.

🦋 웃음과 관련한 꿈

- 꿈에서 울음은 대체로 상반되는 감정을 나타낸다.

- 크게 웃는 꿈은 노여움과 실망과 슬픔을 상징한다.

- 열애 중인 남녀가 이런 꿈을 꾸었다면 연인이 마음을 주지 않고 갈팡질팡하다 자칫 잘 못하면 헤어질 수도 있다.

- 경쟁자가 마음을 탁 놓고 웃는 것을 부러운 눈길로 보고 있는 꿈은 실패를 인정하려 하지 않음을 상징한다.

- 어린아이의 웃음소리가 들리는 꿈은 기쁜 일이 생기거나, 건강이 좋아지게 된다.

- 남의 안 좋은 일에 조소를 머금는 꿈은 자신의 행복을 친구의 불행에서 찾게 된다.

- 크게 웃는 꿈을 자주 꾸면 심장병이 생길 수 있다.

🦋 원숭이를 보는 꿈

- 자신을 하잘것없고 아무 힘도 없는 존재라고 생각하거나, 상대도 그러한 존재이기를 바라는 마음이다.

- 여자가 꿈속에서 원숭이를 보았다면 특정한 남자나 모든 남자에 대해 공포와 적의를 나타내는 것이다.

🦋 월경(月經)과 관련한 꿈

- 월경은 성(性) 관계된다. 그러나 직접적으로 성만을 상징하는 것은 아니다.

- 여자는 월경이 오기에 앞서 흔히 사물을 헐고 깨트려 버리는 꿈을 꾸는데 이는 월경을 일종의 생리적인 것과 관련이 있다.
- 월경과 관련한 꿈은 여자가 임신을 두려워할 때 꾸게 된다. 이런 꿈은 때로는 애타게 기다리는 한 사람이 나타나지 않아 초조해 하는 모습이 꿈으로 나타나기도 한다.
- 여자가 구토하는데 밥에 피가 섞여 있는 것을 보았다면 이 역시 월경을 상징한다.

월계수와 관련한 꿈
- 사업에 성공하고 사랑에 꽃이 핀다.
- 만약 젊은 여자가 월계수를 남자 친구의 머리에 꽂아주는 꿈을 꾸었다면 자신을 열렬히 사랑해 주는 애인이 생긴다.

월식을 보는 꿈
- 불치병이나 사망을 뜻한다.

웨딩드레스를 입는 꿈
- 꿈에서 본 웨딩드레스가 잘 어울리지 않았다면 결혼이 마음에 들지 않거나 생활에 불안을 느끼고 있는 것이다. 또는 결혼 예식이 순조롭지 못하기를 바라는 어두운 마음을 상징할 수도 있다.
- 예복이 복잡하거나 파손된 것이라면 책임감이 없는 결혼에 대한 비판이나 이성과 성 접촉에 두려움을 느끼는 것이다.

 웨이트리스가 보이는 꿈

- 남자의 꿈에 여자 웨이트리스가 나타났다면 저급한 욕망을 가지고 있는데 다른 사람이 그것을 꿰뚫어보고 그를 비웃게 된다.

- 젊은 여자가 웨이트리스가 되는 꿈을 꾸었다면 쉽게 남자의 유혹에 빠져 치정에 얽히게 된다.

위(胃)가 보이는 꿈

- 위가 아프 도록 팽창하고 신음소리까지 들리는 꿈은 난치병에 걸린다.

- 건강한 위를 보았다면 쓸데없는 욕심이 생길 것이다.

위태로운 상황에 부딪히는 꿈

- 위태로운 상황에서 죽어가는 듯한 소리가 들리는 꿈은 어느 날 이름이 널리 알려져 지위와 명예를 얻게 된다.

- 만약 자신이 위태로 상황에서 빠져나오지 못하고 상처를 입거나 죽는다면 사업에 손실을 보게 되거나 다른 사람 때문에 가정에 불화가 생기고 건강을 해친다.

유리창 너머로 밖을 보는 꿈

- 희망사항을 도저히 실현할 수 없어 심리적 고통을 당한다.

유방(乳房- 여자의 가슴)을 보는 꿈

- 행복과 건강을 상징하고 결혼과 출산, 어머니를 상징하기도 한다.

- 아름다운 가슴이 보이는 꿈은 화려하고 행복한 결혼 생활을 하게 된다.

- 또 임신을 원하는 것이기도 하다.

- 반대로 임신 공포증이 있는 여성의 경우 이런 꿈을 꿀 수도 있다.

🦋 은사(隱士-벼슬하지 않고 숨어사는 선비)가 된 꿈
- 사업에 실패하고 환경이 나빠지며 정신적으로 고통을 겪는다.

🦋 은행과 관련한 꿈
- 은행에서 돈을 찾는 꿈은 돈에 대한 개념이 없이 막 써버리는 것을 나타낸다.

- 돈을 저금하는 꿈은 조심스럽고 검소함을 상징한다.

- 자신이 은행 직원이 된 꿈은 자신이 스마트하다고 생각하거나, 다른 사람을 초월하려는 의지를 나타낸다. 다른 사람이 은행직원이 된 꿈은 누군가의 대한 두려움과 위압감을 상징한다.

🦋 음식과 관련한 꿈
- 먹는 것과 관련한 꿈은 식욕의 형식으로 마음의 밑바닥에 잠재한 욕구, 이를 테면 애정, 성공, 재산 등 모든 사물에 대한 무한한 욕망을 상징한다.

- 다른 사람이 가져다 준 음식을 먹거나 음식이 많은 꿈은 사랑을 흠뻑 받는다.

- 그 반대의 경우라면 사랑의 갈증을 상징한다.

- 맛있게 음식을 먹는 꿈은 간절히 소망하든 일을 실현할 기회가 찾아오게 되거나, 오랫동안 갈망하던 것을 얻는다.

- 누군가와 함께 식사를 하고 있거나 많은 사람들이 북적거리며 식사하는 꿈은 행운이 오고 많은 사람들이 복을 누리게 된다.

- 이성과 함께 한가지의 음식물을 나누어 먹는 꿈은 애정을 확인하게 될 것이다.

- 끊임없이 먹는 꿈은 마음이 공허하게 비어 있어, 애정을 갈망하는 것이다.

- 빵을 먹는 꿈은 재산을 얻는다.

- 고기를 먹는 꿈은 생명력을 과시하거나 생명의 희열을 상징한다.

- 소시지를 먹는 꿈은 사업에 성공할 기회가 있고 남보다 뛰어날 수 있음을 상징한다.

- 과일을 먹는 꿈은 수입이 크게 늘고 가족이 행복해진다.

- 달달한 음식을 먹는 꿈은 성적 욕구를 상징한다.

- 과자 따위를 먹는 꿈은 위장(胃腸)이 불편하다.

- 복숭아를 먹는 꿈은 좋은 친구를 사귀게 된다.

음식을 탐하는 꿈

- 탐식증에 의한 식몽(食夢-음식 먹는 꿈)이다.

- 탐식증이란 실제로 음식을 탐하는 것이 아니라 꿈에서 많이 먹고 마시는 것이다.

- 이 병은 비위가 허약하고 위열이 성한 두 가지 증상으로 나눌 수 있다.
- 비위가 허약하면 식사, 소화, 운동 등의 기능이 약화되어 음식을 잘 먹지 못하며 다른 사람들이 먹는 것을 부러워하는 심리가 생기는데 꿈에서는 이와 반대로 탐식하게 되는 것이다.

🦋 음악회와 관련한 꿈

- 화려하고 품위 있는 음악회를 보는 꿈은 성공을 약속하는 즐거운 때가 다가온다.
- 음악회가 흐지부지되는 꿈은 자리를 함께 한 사람들에 대한 불만을 가지고 있거나, 친구들이 작은 이익을 바라는 소인을 뜻한다.
- 음악회에서 노래를 부르는 꿈은 낯선 사람을 우연히 만나 인연을 맺고 가까이하거나 사귀게 되면, 운이 트이게 된다.
- 하늘을 울리는 연주 소리나 아름다운 음악 소리가 들리는 꿈은 장수를 상징하거나, 오랫동안 헤어졌던 친구한테서 기쁜 소식이 온다.

🦋 응급차나 경찰차가 나타나는 꿈

- 마음에 걸리는 일이 있을 때, 주위 사람을 근심할 때 흔히 이런 꿈을 꾼다.
- 많은 사람들과 함께 차에 앉아 있는 꿈을 꾸었다면, 곧 어떤 사건이 일어나게 된다. 자기 혼자 차에 앉아 있는 꿈이었다면 희망 사항이 이루어질 길몽일 수 있다.

🦋 의사가 보이는 꿈

- 권력의 상징으로 자기가 믿고 존경하고 흠모하는 사람의 보호를 바라는 꿈이다.

- 자신이 의사가 되는 꿈은 권력에 대한 갈망을 뜻한다.

- 외과 의사를 만나는 꿈은 트집을 잡는 사람이나 다툼이 생긴다.

- 꿈을 꾸고 있는 사람의 신체를 검사하고 있는 꿈은 몸이 건강하고 사업도 잘 된다.

- 모임에서 의사를 보는 꿈은 지인에게 사기당 할 징조이다.

🦋 의자에 앉아 있는 꿈

- 꼼짝하지 않고 의자에 앉아 있는 꿈은 아무것도 할 수 없는 상태를 말한다.

- 만약 친구가 의자에 꼼짝하지 않고있다면 친구의 병, 사망 소식을 듣게 된다.

🦋 이(牙)와 관련한 꿈

- 치통을 앓는 꿈은 재수가 없거나 불길한 징조로서 머지않아 어려움을 겪게 된다.

- 이가 빠지는 꿈은 손실이 있거나 예상 외의 지출이 늘어난다.

- 윗니가 빠지는 꿈은 부모, 조부모가 사망하고, 아래 이가 빠지는 꿈은 자식, 조카 등 아랫사람이 사망하는 예지몽이다.

- 이 밖에도 꿈에 이가 빠짐은 노쇠(늙으면 이가 빠진다)의 슬픔이나, 성장(아이가 크면 이 갈이를 한다)의 희열을 상징하기도 한다.
- 이 사이에 물건을 끼우는 꿈은 안면이 있는 사람에게 혐오를 느끼거나 시끄러운 일이 생기게 된다.
- 억지로 이를 뽑는 꿈은 힘에 부칠 정도로 일을 부탁하는 사람이 있거나, 누군가와 대립하게 된다.
- 눈같이 희고 곧은 이를 본 꿈은 아름다운 연인을 만나 결혼하게 된다.
- 번쩍거리며 빛을 발산하는 금니를 본 꿈은 횡재하고 재운이 트일 징조이다.
- 앞니나 어금니로 물건을 꽉 물고 있는 꿈은 계획하고 있는 일이 생각한데로 진행되고 있다는 징조이다.
- 이가 흔들리거나 의사가 이를 뽑는 꿈은 병에 걸릴 징조이다.
- 이가 자라는 꿈은 크게 출세할 징조이다.

🦋 이름과 관련한 꿈
- 이름을 고치는 꿈은 일생 동안 결혼을 하지 않는다.

🦋 이모(어머니 자매)가 보이는 꿈
- 꿈에 이모를 보았다면 그의 어떤 행위가 사람들의 불만을 야기시키는 것이다. 만약 이모의 얼굴이 웃음을 띤 즐거운 모습이었다면 불쾌한 일이 지나가고 다시 기쁨과 즐거움을 찾는다.

🦋 이발사가 되는 꿈

- 이발사가 된 꿈은 타인의 역량을 꺾으려는 욕망을 상징한다.

- 지인이 이발사가 된 꿈은 지인이 자기를 깎아내릴까 봐 두려워하는 것이다.

- 만약 여성이 꿈속에서 이발사를 보았다면 남성에 대한 공포나 적의를 나타낸다.

🦋 이슬을 보는 꿈

- 이슬이 머리 위에 떨어지는 꿈은 나쁜 병이 몸에 침범할 징조이다.

- 이슬이 햇빛 아래 구슬처럼 반짝거리고 있는 꿈은 큰 영예와 재물을 얻게 된다.

🦋 이혼하는 꿈

- 결혼한 사람이 이런 꿈을 꾸었다면 부부 사이가 매우 좋다.

🦋 인력거를 타는 꿈

- 인력거를 타고 산을 오르는 꿈은 장래가 밝다.

- 여자가 인력거에 앉아 내리막길을 내려가는 꿈은 불행이 수시로 따를 것이니 명예와 건강에 조심해야 한다.

🦋 인형을 보는 꿈

- 자신이 꼭두각시 인형처럼 누군가의 조정을 받으며 스스로 자신의 운명을 개척해 나가지 못함을 상징하거나, 자신이 누군가(자기가 두려워하는 사람)를 꼭두각시 인형처럼 마음대로 조종하고 지배하려는 욕망을 상징하는 것이다.

🦋 일몰을 보는 꿈

- 건강, 금전 운이 다하여, 병에 걸리거나 재산에 손실을 가져올 일이 생긴다.

🦋 일식(日蝕-달이 태양면의 전부 또는 일부를 가리는 현상)을 보는 꿈
- 심각한 병이 생길 징조이다.

🦋 임신이나 출산을 하는 꿈

- 만약 사춘기가 지난 여자가 이런 꿈을 꾸었다면, 출산의 진통에 대한 공포를 상징한다.

- 중년의 미혼 여자가 이런 꿈을 꾸었다면 억제당한 성적인 욕망을 상징한다.

🦋 입과 관련한 꿈

- 꼭 다문 입술이 보이는 꿈은 비밀을 지키려는 결심을 다지는 것이다.

- 입에서 벌레를 뱉아내는 꿈은 질병이나 괴로움에서 벗어난다.

- 키스하는 꿈은 비밀을 굳게 지킨다.

- 선생님이 '입을 벌려라'하면서 입안에 침을 뱉아 넣는 꿈은 크게
  깨우치는 꿈이다.

입으로 불을 뿜는 마술을 부리는 꿈

- 구내염의 증상이다. 구내염이란 구강 점막에 염증이 생기는 것
  으로, 육체적으로 피곤할 때 생기는데 증상은 점막이 벌겋게 붓
  고, 구멍이 생긴다.

제3장
꿈풀이
ㅈ

🦋 자(尺)를 보는 꿈
- 자기가 목표한 수준이나 도덕 기준을 상징하며, 주위 사람들의 기대나 요구하는 수준에 도달하지 못할까 근심하는 것이다.

🦋 자동차와 관련된 꿈
- 꿈에 나타난 자동차는 보통 자신의 몸, 자신을 상징하거나, 자동차는 또 하나의 가정이나 하나의 그룹을 상징하기도 한다.

- 자동차를 운전하는 꿈은 계획중인 일에 전력 투구함을 나타낸다. 운전하는 차가 고급 자동차라면 이미 성과를 내고 있고 일정한 토대를 마련했음을 말해 줄 것이다.

- 계속 운전하고 있다면 사업의 상승세를 보여줄 것이다.

- 짐을 가득 실을 차를 자신의 집으로 몰고 오는 꿈은 도와주는 사람이 있게 되며, 그 사람은 장래 자신한테 큰 이익을 주게 된다.

- 운전자는 결정권을 가지자로 제멋대로 상대방을 억누르고 조종하려는 마음도 있다. 자동차 조수석, 뒷자리에 앉아 있는 꿈은 실직을 상징한다.

- 핸들을 바로잡을 수 없는 꿈은 도저히 자기를 절제할 수 없음을 상징한다.

- 헤드라이트가 고장이 난 꿈은 나가야할 방향을 잃고 허둥댈 수 있다.

- 기름이 떨어지는 꿈은 앞으로 나갈 힘이 쇠함을 상징한다.

- 승차하고 나서야 반대 방향으로 가는 차라는 것을 알아차린 꿈은 전업을 잘못 선택했거나, 선택한 사업이 자신에게 잘 맞지 않는 것이다.

- 타고 가는 버스, 자동차가 사고가 나는 꿈은 재산을 잃거나 병원 신세를 지게 된다.

자두와 관련한 꿈

- 보통 태몽과 재물과 관련된 꿈이다.

- 자두나무에 큼직한 자두가 주렁주렁 열리고 나뭇잎도 무성한 꿈은 엄청난 재물이 기다리고 있는 것이다.

자물쇠와 관련한 꿈

- 자물쇠가 잠겨 있으나 열쇠가 없는 꿈은 실직, 실패, 실연 등을 상징한다.

- 열쇠를 찾아 자물쇠를 열었다면 성공, 승진, 사랑을 쟁취한다.

자살하는 꿈

- 자살은 흉몽으로 불행이 닥친다.

- 젊은 여자가 남편이 자살하는 꿈을 꾸었다면 그녀가 두려움에 의한 병을 얻을 징조이다.

🦋 자전거를 타는 꿈

- 여자가 자전거를 타고 내리막길로 달리는 꿈은 명예와 건강을 해치는 것과 같은 불행한 일이 생긴다.
- 꿈에 나타난 오토바이, 자전거는 상징적인 의미가 비슷하지만 보다 강력한 능력을 나타낸다.

🦋 잠수하는 꿈

- 맑고 푸른 바다에 잠수하는 꿈은 자신을 괴롭히던 일이 해결된다.
- 다른 사람과 잠수하는 꿈은 친구가 있음을 상징한다.
- 연애 중인 사람이 이런 꿈을 꾸었다면 사랑이 끝난다.

🦋 잠을 자는 꿈

- 현실을 외면하고 방관자의 입장을 지키려는 마음, 또는 근심 걱정을 떨쳐버린 평온한 마음을 상징한다.
- 반대로 잠을 자는 방식으로 실생활에서의 싫은 일을 잊으려는 마음을 상징할 수도 있다.
- 또 어떤 시비에 말려들어간 불쾌한 심정을 상징할 수도 있고, 반대로 현재 상황에 매우 만족하고 여유 있게 생각하는 그런 기대감을 상징할 수도 있다.

🦋 장갑을 잃는 꿈

- 장갑을 잃어버리는 꿈은 사업에 손실을 입고 사무실을 옮기게 된다.
- 만약 오른쪽 장갑을 잃어버리는 꿈은 부인을 잃는다.
- 아직 미혼인 사람이 이런 꿈을 꾸었다면 사랑하는 사람을 빼앗기게 된다.

🦋 장난감 인형이 보이는 꿈

- 꿈에 본 장난감 인형은 그대로 자신의 자녀를 나타내거나, 어린애 같은 자신의 심정을 나타낸다.
- 혹은 아이를 갖고 싶은 욕망을 상징할 수도 있다.
- 장난감 인형이 매우 사랑스럽게 느껴지는 꿈은 행복한 가정 생활을 뜻한다.
- 꿈속에서 장난감 인형의 손이나 팔을 비틀거나 옷을 찢고 발로 짓밟는 등 인형에게 공격적인 행동을 했다면 누군가에게 원한을 품고 있지 않은가 둘러보아야 한다.
- 만약 흙투성이가 되어있거나, 망가져 버린 장난감 인형이 한쪽에 내팽개쳐져 있는 꿈을 꾸었다면 누군가에게 원한을 사고 있는 것이다.
- 새 장난감이 꿈에 보였다면 가정에 기쁨이 넘친다.
- 꿈에 오래되고 파손된 장난감이었다면 가정에 슬픈 일이 생기거나, 가족 중의 한 사람이 병에 걸릴 징조다.

🦋 장난을 치는 꿈

- 친구나 지인들에게 지나친 장난을 치는 꿈은 남들이 싫어하는 일을 기어코 하거나 다른 사람의 거짓말에 불만을 품은 것이다.

- 또는 누군가의 대한 관심이나, 남들이 자기에게 관심을 가져 주길 바라는 마음이다.

🦋 장례식에 참석하는 꿈

- 장례를 치르는 과정에서 햇빛이 따사로운 꿈은 가족 모두 건강하다.

- 만약 을씨년스러운 날씨였다면 병에 걸리고 사업이 순탄하지 않거나 오랫동안 소식이 없던 절친한 친구의 불행한 소식을 듣게 된다.

🦋 장식장 안을 보는 꿈

- 장식장 안이 물건 들이 질서 정연하게 놓여 있는 꿈은 편안함을 상징한다.

- 반대로 어지럽고 너저분하게 놓여 있는 꿈은 고통과 슬픔을 상징한다.

🦋 장인이 보이는 꿈

- 친구나 주위 사람과 다투게 된다.

- 만약 장인이 기뻐하는 밝은 모습이었다면 가정이 화목할 것이다.

🦋 재산을 물려 받는 꿈

- 재산을 물려받는 꿈은 아무것도 얻지 못한다.

- 만약 친구가 재물을 얻었다면 가난을 나타낸다.

🦋 전염병에 걸리는 꿈

- 전염병에 걸리는 꿈은 자신을 포함해서 가족 중의 한 명이 병에 걸린다.

- 만약 다른 사람이 전염병에 걸린 것을 보았다면 누군가의 실수로 추진하고 있는 일에 장애가 발행하여 힘든 상황에 봉착 한다.

🦋 전화와 관련 꿈

- 꿈에 나타난 전화는 대체로 현실에 대한 불만이나 불안을 상징한다.

- 또한 자아 비판이나 자신에 대한 다른 사람들의 비판적인 말, 주위 사람들 과의 심리적 갈등을 나타내기도 하며, 다툼, 꾸지람, 사업 손해, 실패 등을 상징한다.

- 여자가 꿈에 전화로 상대방과 대화를 했다면 많은 사람들이 나를 질투하고 있다.

- 만약 상대방의 말을 잘 알아들을 수 없었다면 남편이 부인 몰래 바람을 피운다.

- 만약 전화기, 핸드폰을 본 꿈을 꾸였다면 자신에 대한 좋지 않은 비밀이나 뜬 소문이 돌고 있음을 말한다.

- 붉은색 전화기, 핸드폰을 보았다면 가까운 어느 날 친구에게 비난을 듣게 된다.

- 전화, 핸드폰벨이 울리는 꿈은 주위 사람들의 자신에 대한 비난으로 마음이 무거워진다.

- 만약 꿈에 본 전화기, 핸드폰이 고장이 났다면 불길한 소식을 듣게 된다.

- 전화가 연결되어 한참 동안 통화를 했다면 뜻밖의 도움을 받는다.

- 계속 통화 중이라 연결이 되지 않았다면, 자신의 마음을 상대에게 전할 수 없어 초조해 하는 마음이다.

- 전화 번호를 계속 누르는 꿈은 애정을 원하는 신호이거나, 이미 헤어진 연인에 대한 그리움이다.

🦋 절교와 관련한 꿈
- 친한 사람과 정을 끊는 꿈은 사업이나 사회적 지위에 경고음을 내는 것이다.

- 젊은 여자가 아버지 명령을 거역하여 유산의 상속권을 잃는 꿈을 꾸었다면 부모가 그녀의 결혼을 반대하여 불화가 생길 수도 있다.

🦋 점을 치는 것과 관련한 꿈
- 누군가에게 찾아가 점을 점치거나, 운수를 점지 받는 꿈은 자신에게 닥친 일을 두려워하는 것이다.

- 만약 젊은 여자가 이런 꿈을 꾸었다면 자기를 사랑하는 두 사람 중의 한 명을 선택해야 한다.

🦋 점쟁이가 보이는 꿈
- 하고 있는 일이 몹시 피로하고 고달프다.

🦋 정서(情緒-사고와 감정을 포함한 의식적 경험)를 나타내는 꿈
- 꿈은 상징과 기타 다른 방식이 합쳐져서 실제의 상황과는 엄청난 차이가 생기는 경우가 많다. 그러나 꿈에 나타나 정서는 대체로 자신의 정서를 그대로 보여준다. 예를 들면 강도를 만나 두려워하는 꿈을 꾸었다고 하자. 여기서 강도는 어떤 상상의 사물, 사람일 수 있으나, 두려워하는 정서만은 진실이다.

- 간혹 꿈속에서는 별로 공포감을 자아내지 않는 사물을 보고도 두려움을 느끼는 경우가 있는데, 이는 공포감을 자아내지 않는 사물이 사실은 어떤 공포감을 주는 사물을 상징하기 때문이다.

- 반대로 꿈에 아주 무서운 사물을 보았으나 조금도 무서워하지 않거나 이상하게 생각하지 않았다면, 현실에서 스스럼없이 대할 수 있는 어떤 사물을 상징한다.

- 예를 들면 여자가 꿈에 사자를 보았는데 조금도 무서워하지 않았다면 수염이 긴 남자에게 익숙하다는 것을 말한다.

- 그러나 꿈에 나타나 기쁨을 기쁨으로, 슬픔을 슬픔으로 풀이해서는 안 된다.

- 생활에서는 정 반대인 경우가 종종 있다.

- 할머니가 병을 앓는다고 소식을 듣고, 그날 밤에 꿈을 꾸었는데 할머니가 세상을 떠나 몹시 비통해 하는 꿈이었다. 이때의 정서는 할머니가 돌아가갈까 봐 몹시 근심한다고 풀이할 수도 있다. 꿈에 표현된 정서를 그대로 반영한 것이다.

- 그러나 할머니가 앓는다는 전화를 받고 이런 꿈을 꾼 것을 감안하면 비통함이 너무 빠른 느낌을 준다. 순리대로 하면 비통함 보다는 근심하는 마음이 오히려 우선되어야 할 것이다. 사실 할머니가 돌아가시기를 바랐을 수도 있다.

- 그러나 그녀를 질책할 수는 없다. 인간의 잠재의식은 흔히 이기적인 것으로서 자신을 우선 돌보려 하기 때문이다.

- 만약 한 사람이 너무 밉다면 사람들은 자연스럽게 그가 죽기를 바란다. 그녀의 가정 형편이 아주 어렵고 할머니를 돌볼 사람이 없다는 것을 고려하면그녀가 할머니의 고통을 잠재울 수 있는 유일한 방법으로 죽음을 떠올렸음을 확인할 수 있을 것이다.

🦋 정신을 잃는 꿈
- 자제력을 잃고 제멋대로 한다.

🦋 제단이 보이는 꿈
- 제단 앞에 승려들이 몰려 있는 꿈은 사업이나 가정에 안 좋은 일이 생긴다.

- 제단에서 결혼식을 올리는 꿈은 친구의 불행이나 죽음을 두고 슬픔에 잠긴다.

🦋 제비와 관련한 꿈

- 자유롭게 날아다니는 제비를 본 꿈은 자유와 평화를 상징한다.

- 만약 상처를 입었거나 죽은 제비를 보았다면 불행이나 재난을 당할 것이다.

🦋 조명장치를 보는 꿈

- 고장 난 조명장치가 보이는 꿈은 성공을 보장했던 일이 수포로 돌아간다.

- 조명장치의 불빛이 밝지 않는 꿈은 질병이 생기거나 타락할 징조이다.

🦋 조상 관련 꿈

- 돌아가신 할아버지, 할머니, 부모님이 나타나거나 '내가 할아버지다' 말하고 나타나는 꿈 등을 말하는데, 웃는 얼굴이나 좋은 모습으로 다정스럽게 나타나는 경우는 길몽으로 좋은 일이 생기고, 돈다발을 주는 꿈, 보따리를 주는 꿈, '고생했다' 등 위로의 말을 해주는 꿈은 재물 운이 있다.

- 그러나 어두운 표정, 근심스러운 표정, 검은빛 얼굴은 흉몽으로 좋지 않은 일이 일어날 것을 암시한다.

제사를 지내는 꿈

• 조상 제사를 지내는 꿈은 윗사람, 지인에게 부탁할 일이 생긴다.

음식을 먹는 것을 보는 꿈

• 돌아가신 조부모, 부모님이 음식을 먹는 것을 보는 꿈은 지인에게 부탁한 일, 취직, 수학능력시험, 승진 등 집안 고민이 해결된다.

음식을 대접한 꿈

• 돌아가신 조부모, 부모에게 음식을 대접하는 꿈은 뜻하지 않은 횡재수가 생기고 큰 돈이 들어온다.

머리를 쓰다듬어주며 슬퍼하는 꿈

• 안타까운 표정을 지으며 머리를 쓰다듬어주면, 병에 걸리거나 좋지 않은 일이 생길 징조다.

무덤에 불이 나는 꿈

• 조상의 무덤에 불이 나는 꿈은 흉몽으로 집안에 우환이 생긴다.

집안으로 안으로 들어오는 꿈

• 돌아가신 조부모, 부모님이 집 안으로 들어와 "수고했다" 말하면 계획 중인 일이 성공하고 큰 돈을 벌게 된다. 그러나 아무 말없이 가버리면 지인의 배신으로 어려움에 처하고, 스스로의 힘으로 해결하는 수밖에 없는 상황에 처한다.

집 안으로 말을 타고 들어오는 꿈

- 조상님이 집 안까지 말을 타고 들어오는 꿈은 새식구를 맞게 되거나, 남편, 자식이 공직에 몸을 담게 된다.

큰 절을 하는 꿈

- 돌아기신 부모님, 조부모에게 큰 절을 하는 꿈은 생각치 못한 상속을 받거나, 억울한 일로 법원을 찾게 된다.

잘 정돈된 조상 무덤을 본 꿈

- 잘 정돈된 조상무덤을 보는 것은 추진하고 있는 일이 동료로부터 많은 도움과 협조를 얻어 무리없이 잘 해결 될 것을 암시한다.

소를 끌고 산으로 가는 꿈

- 돌아가신 조부모, 부모가 소를 끌고 산으로 가는 것은 소중한 것을 잃게 된다. 소는 농경사회에서 가장 큰 재산이다. 그래서 큰 손실을 보게 된다고 꿈 풀이를 한다. 현재의 상황과는 맞지 않으나, 아마도 오랫동안 무의식 속에 교육 때문에 그렇게 알고 있다.

🦋 족보를 보는 꿈

- 가정의 불화로 인해 심리적 정신적 괴로움을 당한다.

- 다른 사람이 당신의 족보를 자세히 들여다보며 무엇인가를 골똘하게 생각하는 꿈은 당신의 이익이나 권리가 위협을 받는다.

🦋 존경받는 꿈

- 누군가를 존경하는 꿈은 주변 사람으로부터 가식 없는 사랑을 받게 된다.
- 다른 사람으로부터 존경을 받는 꿈은 많은 친구를 사귀게 된다.

🦋 졸업하는 꿈

- 자신이 졸업생이 되는 꿈은 청년기에서 성년기에 진입하는 것과 같은 성장을 상징한다.
- 누군가 졸업하는데 자기는 그 옆에서 보고 있는 꿈은 현재의 상태에서 머물러 있게 되거나, 발전이 없어 다른 사람보다 뒤떨어지게 된다.

🦋 종(鐘)소리를 듣는 꿈

- 종소리가 들리는 꿈은 친구의 사망 소식 같은 불쾌한 소식을 접하게 된다.
- 종을 치는 사람이 얼굴을 잔뜩 찌푸리고 있는 꿈은 주변에 불행이 닥칠 것이다
- 종을 보는 꿈은 경쟁자가 위험한 함정으로 당신을 유인하고 있음을 상징한다.

🦋 주근깨와 관련한 꿈

- 여자가 주근깨가 얼굴에 덮이는 꿈을 꾸었다면, 불쾌한 일들이 자신을 괴롭힌다.

• 거울에 비춰진 자신의 얼굴에 주근깨가 있었다면, 연인을 친구에게 빼앗기게 된다.

🦋 주머니를 보는 꿈

• 꿈에 주머니를 보면 대개 소화기계통의 질병이 있다. 주머니의 입구를 봉하지 않은 것은 다른 질병이고, 입구를 맨 것은 변비일 수 있다.

🦋 주방이 보이는 꿈

• 여자가 자기가 쓰는 주방이 깨끗하고 정결하게 정돈된 꿈을 꾸었다면 하고 있는 일을 아주 멋지게 해낸다.

🦋 주사위를 던지는 꿈

• 사업이나 주변에 커다란 변화가 생긴다. 우여곡절이 많고 사업에 위험이 따른다.

• 만약 여자가 이런 꿈을 꾸었다면 남자가 자신의 신분을 속이고 접근하지 안는지 의심해볼 필요가 있다.

• 남자가 이런 꿈을 꾸었다면 자기가 믿고 따르는 사람의 존경을 잃게 된다.

🦋 주전자가 보이는 꿈

• 부서진 주전자가 보이는 꿈은 질병이나 취업의 실패로 인해 미래가 암담하다.

🦋 죽은 사람과 대화하는 꿈

- 죽은 사람과 이야기를 나누는데 조금도 공포를 느끼지 않고, 망령들이 모두 선하고 부드러웠다면 이승에서 가까이 지내던 사람들의 망령들과 어울림을 통하여 죽음을 아름답게 생각하고, 죽음에 대한 공포를 지워버리려는 의지를 나타낸다. 보통 죽음을 앞둔 환자들이 꾸는 꿈으로, 지나친 자아 반성을 상징한다.

🦋 죽은 사람의 관을 모신 방에서 결혼식을 올리는 꿈

- 가까운 지인이 사고나 친구의 사망 소식을 듣게 된다.

🦋 죽음과 관련한 꿈

- 사망과 출생은 대립하기도 하고 같기도 하여, 많은 상징을 공유한다.

- 예를 들면 물 속에서 나오는 것과 물 속으로 들어가는 것, 굴 속에서 나오는 것과 굴 속으로 들어가는 것, 다시 말하면 물 속이나 굴 속에서 나오는 것은 출생을 상징하고 물 속이나 굴 속으로 들어가는 것은 죽음을 상징한다.

- 구름 속을 날아다니는 꿈은 대체로 초월과 즐거움을 상징하지만 때로는 죽음을 상징하기도 한다. 죽음을 '승천(昇天)'한다고도 한다.

- 나비나 새로 변하여 날아가는 꿈은 죽음을 상징한다. 가을걷이도 죽음을 상징하는데 죽음의 신이 우리의 생명을 걷어가는 것과 농민들이 곡식 걷지를 하는 것이 비슷하기 때문이다.

- 입지(入地), 특히 땅 속에서 집을 발견하거나 이미 세상을 떠난 사람을 만나는 것 역시 죽음을 뜻한다.

- 꿈에 누군가 떠나가거나 문을 나서서 여행가는 꿈도 죽음을 상징한다.

- 꿈에서 죽음의 생각은 집으로 돌아가는 풍경으로 나타날 수 있다.

- 왔던 곳으로 되돌아가는 것, 그것은 곧 죽음을 상징하는 것이다.

- 흔히 양심에 걸리는 행위나 충동 때문에 죄의식을 갖고 자신을 자책하는 사람이 죽음과 관련한 꿈을 꾸게 된다.

  그러나 여기서 말하는 죽음은 단지 생명의 결속 그 자체만을 의미하는 것이 아니다. 그것은 확실한 죽음 그 자체를 상징하기도 하지만 꿈을 꾸는 사람의 인생에 대한 생각이나 생사(生死)에 대한 마음 자세를 상징하기도 한다.

  죽음과 관련한 꿈은 경우에 따라 삶에 대한 미련을 버림을 뜻하거나 이미 사망한 애인의 곁으로 가고 픈 욕망을 상징할 수도 있다. 또는 자신에게 닥친 곤란한 문제를 해결할 유일한 창구로 생각하거나 가장 바람직한 방법이라고 확신하기도 한다.

  만약 지인의 사망하는 꿈을 꾸었다면 그 사람을 외면하거나 혹은 사랑하는 사람, 신뢰하는 사람이 자신을 버릴까 봐 불안해하는 것이다.

- 산길을 걸어가는데 길 양쪽에 온통 죽은 사람이 널려 있는 꿈은 생기와 활력을 잃을 것이다. 여기에서 죽은 사람은 이미 사라져 버린 사물을 상징한다.

- 지인, 자신이 죽거나 석상(石像)이 된 꿈은 그 사람 혹은 자신이 생기나 활력을 잃어 마치 시체와 같음을 상징한다. 죽음은 망각, 해소, 극복 등을 상징하기도 한다.

- 만약 꿈에 죽어간 것이 아름다운 사람이라면 그것은 나쁜 징조이고, 추악한 것이라면 좋은 징조일 수 있다.

- 꿈에서도 용모가 아름다운 사람은 나쁜 일, 사악, 증오, 우둔함 등 각종 악습(惡習)을 상징하고, 용모가 추악한 사람은 모든 아름다운 사물을 상징한다.

- 세상을 떠난 친구가 보이는 꿈은 슬픔이나 정신적인 시달림을 나타낸다.

- 만약 그들이 즐거워하는 모습이었다면 자신에게 좋은 징조이다.

- 친하게 지내는 사람이 죽는 꿈은 가족, 지인으로부터 버림받을까 봐 두려워하는 것이다.

쥐를 보는 꿈

- 꿈에 나타난 쥐는 두려움이 많은 사람으로 경쟁자와 싸울 용기가 없어 무리를 지어 경쟁자나 다른 사람을 헐뜯는 사람이다.

- 꿈에 쥐를 보면 사업이 힘들고, 결혼 생활도 평온하지 못하다.

지붕을 보는 꿈

- 마음이 차분하고 지난날의 생활에 변화가 있거나 건강이 좋아진다.

- 좋아하는 사람과 다시 만날 것을 약속했거나, 바라던 바가 현실로 이루어 질 때 이런 꿈을 꾼다.

🦋 지옥 불(유황불)을 보는 꿈
- 주위 환경 때문에 전염병이 돌거나, 돈과 건강에 이상이 생긴다.

🦋 지진이 발생하는 꿈
- 생활에 변화가 생긴다.
- 강렬한 지진은 실업(失業), 파산, 실연 등 나쁜 방향으로의 변화가 발생한다.
- 하지만 어려움에 도전하고 곤경을 뚫고 나가려는 의지를 상징하기도 한다.

🦋 지하실이 보이는 꿈
- 좋은 운이 다 하고 불행과 근심이 마음을 괴롭힌다. 옹졸한 마음에서 시비가 잦다.
- 풀기 어려운 문제에 부딪쳐 혼란을 겪을 때도 이런 꿈을 꾸는데, 이는 시끄러운 일이나 마음에 걸리는 일에 마음이 무거움을 상징한다.
- 만약 지하실에서 출구를 찾거나 내다보는 꿈을 꾸었다면 나중에 해결책을 얻게 된다. 이혼 후 한번 결혼했던 사람과 다시 재결합함을 상징한다.

🦋 진펄(땅이 질어 질퍽한 벌)을 걷는 꿈

- 실생활에서 맡은 일에 힘이 부침을 의미한다

- 꿈에 진펄을 보았다면 질병과 걱정이 마음을 괴롭힐 징조이다.

- 진펄을 걷는 꿈은 사업에 스트레스를 받고 또 많은 일들이 마음에 걸려 병으로 앓아 눕게 된다. 그리고 주변의 가까운 사람이 그가 좋아하지 않는 일을 저지르게 된다.

🦋 진흙과 관련한 꿈

- 옷에 진흙이 많이 묻어 있는 꿈은 전염병을 피해 집을 떠나지만, 이로 인해 법의 처분을 받게 된다.

🦋 질식하는 꿈

- 자신이 질식하는 꿈은 감기에 걸리거나 기관지에 이상이 생기게 된다.

- 누군가를 질식 시키는 꿈은 공격행위로서 타인에게 반성을 강요하는 것이다.

🦋 질투하는 꿈

- 누군가를 질투하는 꿈은 고뇌와 초조함을 상징한다.

- 주변의 질투를 받는 꿈은 오해와 불신을 당하는 한편 부러움과 존경을 받게 된다.

- 만약 경쟁 상대가 있다면 이는 완벽한 승리를 상징한다.

 집과 관련한 꿈

- 꿈에 나타난 집은 몸(신체)를 나타내는 것이다. 그것은 자신 뿐 아니라 다른 사람의 몸을 상징할 수도 있다. 이밖에 사람의 마음이나 생각, 가정, 집단을 상징하기도 한다.

- 집을 짓는 꿈은 사업이 크게 번성하여 크게 성공함을 상징한다.

- 창문이 밖으로 열린 집, 창이 열린 집에 있는 꿈은 비만으로 괴로워함을 나타낸다.

- 어둠침침하고 윤곽이 흐릿한 집을 보았다면, 아내에게 폭행, 폭언을 하거나 가정 불화가 생기게 된다.

- 굉장히 큰 창문을 보았다면 즐거움과 행복함을 나타낸다.

- 꿈속에서 창문이 망가지고 칠이 떨어진 폐옥을 보았다면 부모님에게 버림받거나 사랑을 잃게 된다.

- 성, 대저택, 궁전 등을 보았다면 집을 갖고 싶은 욕망을 나타낸다.

- 꿈에 식당을 보면 현재의 생활에 불만이 있고 좀 더 나은 생활을 원하는 마음이 간절한 것이다.

- 택지(宅地)가 보이는 꿈은 늘 사물에 대한 깊은 호기심을 뜻한다.

- 집안의 가구를 새롭게 배치하는 꿈은 아름다운 여성(멋진 남성)과 인연을 맺게 된다.

- 만약 새로 지은 집에서 머무는 꿈은 기쁜 일이 생길 징조이다.

- 잘 만든 집을 보았다면 가정이 화목하고 사업에서 많은 소득이 생긴다.

- 낡고 허술한 집을 보았다면 건강이 좋지 않거나, 하는 일에서 실패할 징조일 수 있다.

징소리가 들리는 꿈
- 질병이나 손해로 인해 근심하나, 기우였음을 말해준다.

짠 음식을 먹고 물을 마시는 꿈
- 현실에서 벗어나려 하거나 원하는 물건이나, 사람을 갈망하는 것이다.

쫓기는 꿈
- 거의 모든 사람이 이런 꿈을 꾼 적이 있을 것이다. 이는 일종의 공포심리를 나타내는 꿈으로서 꿈을 꾼 사람이 당시의 생활에 어떤 위험을 당하고 몹시 공포를 느끼면서 빨리 그 위험에서 벗어나거나 피하고 싶은 마음을 말한다.

- 이 꿈을 풀이하기 위해서는 우선 두려움의 대상을 알아야 한다. 그러면 꿈속에서 뒤를 쫓은 사람이 도대체 어떤 사람인지, 사람이 아니면 무엇인지 살펴보아야 한다.

- 꿈에서 뒤를 쫓은 것이 사람인지, 짐승인지, 귀신인지 바로 그것이 실생활에서 두려워하고 있는 사람이나 상황이기 때문이다. 그 다음에는 꿈에서 어떻게 도망했는지 자세히 살펴보아야 한다.

- 날 듯이 달아났는지, 도망하려고 아무리 애를 써도 도저히 도망할 수 없었는지, 대부분의 사람들은 아무리 도망하려고 애를 써

도 도저히 도망할 수가 없어서 몹시 공포를 느끼게 되는데 이는 실제 생활에서 부딪치면 피할 능력이 없음을 상징한다.

- 꿈속에서 쫓겨 달아나다가 숨으려고 하지만 어디에 숨든지 발각되고 뒤쫓는 자는 자기와 몇 걸음 사이를 두고 있었다면 뒤쫓는 사람이나 동물이 자신의 분신이나 양심, 가치관, 근심, 고통을 나타내는 것이다. 아무튼 다른 사람을 속일 수는 있어도 자기 자신을 속일 수는 없다.

- 꿈속에서 개에게 쫓기다가 몽둥이로 힘껏 내리쳤으나 죽일 수 없었다면 개는 그 자신의 분신이다.

🦋 쫓겨나는 꿈
- 쫓겨나는 꿈은 여러 곳을 여행하게 된다.
- 사무실에서 쫓겨나오는 꿈은 사업의 실패로 재산상 손해를 본다
- 낯설고 물 선 곳으로 쫓겨나면 한창 좋은 나이에 세상을 등진다.
- 자녀를 내쫓는 꿈은 사업 파트너가 약속을 지키지 않는다.

🦋 찢는 행위를 하는 꿈
- 현실적인 의미 그대로 훼손, 배제함을 뜻한다. 그러나 경우에 따라서는 성 관계로 인한 손해를 두려워함을 상징하기도 한다.

제 3 장 꿈풀이

ㅊ

🦋 차(車)를 놓치는 꿈

- 약속한 시간을 어기거나 차(택시, 기차, 지하철)를 놓치는 꿈은 기회를 놓치는 것이다. 차를 잡으려 할 때 여러 장애가 있으나 불가사의한 일들에 말려들어 시간을 놓쳐버리는 꿈은 현실적으로 어떤 장애에 가로막혀 기회를 놓치게 된다.

- 또는 지금 하고 있는 일들이 별로 중요하지 않고, 오히려 중요한 일을 성공시킬 수 있는 기회를 망쳐버리는 것이다.

- 그러나 때로는 그 장애가 차를 잡지 말리는 '원시인'의 또 다른 목소리일 수 있다.

- 어쩌면 또 다른 그가 차를 타는 것을 원하지 않아 소극적으로 반항하고, 고의로 시간을 늦추어 차 시간을 흘려버리는 것일 수 있다. 이는 나쁜 일 일수도 있고 좋은 일 일수도 있다.

🦋 참외를 먹는 꿈

- 보통 태몽이다.

- 또 참외를 먹는 꿈은 외국인과 결혼하여 해외에서 살게 되고 결혼 후 부귀 영화를 누리고 자식이 모두 덕을 쌓을 것이다.

🦋 차(茶)를 마시는 꿈

- 차를 우려내는 꿈은 자기의 비굴한 행위에 대한 참회를 나타낸다.

- 차를 쏟아버리는 꿈은 마음속의 불안이나 슬픔을 상징한다.

- 텅 빈 찻잔을 보았다면 불길한 소식을 접할 징조이다.

- 친구와 함께 차를 마셨다면, 마음과 기분을 전환하고 싶어하는 것이다.

- 차를 같이 마시는 상대의 잔에 찻잎만 남아 있다면 애정에 빨간 불이 켜진다.

- 차 잔이 비어 있다면 좋지 않은 소식을 접하게 된다.

- 갈증을 느끼고 차를 마시고 싶었다면, 존경하는 사람이 찾아온다.

🦋 창문과 관련한 꿈

- 꿈에 창문을 열었다면 모임, 행사 등에 참여의 강렬한 의지를 상징한다.

- 만약 창문 밖 풍경이 조용하게 보였다면 평탄하게 사회에 진출하게 된다.

- 크고 화려한 창문을 꿈속에서 보았다면 미래의 즐거운 인생을 예견한다.

- 꿈에 창문을 찾았다면, 어둠 속에서 출구를 찾는 것과 같이 눈앞에 닥친 어려움의 실마리를 찾는다.

- 창문을 통해 안쪽을 들여다보는 꿈은 성에 대한 관심을 상징한다.

- 누군가 창문으로 자기를 들여다보거나 무슨 물건을 안쪽으로 던지는 꿈은 사랑하는 사람의 관심을 원하는 것이다.

책과 관련한 꿈

- 꿈에 나타난 책은 자식을 상징하며 내실이 튼튼한 인생이나 재산을 상징하기도 한다.
- 탁자 위에 책이 놓여 있는 꿈은 복이 있음을 상징한다.
- 책을 읽거나 글을 쓰는 꿈은 총명함이나 대길하다.
- 누군가가 글을 가르치는 꿈은 크게 부귀 해진다.
- 누군가에게 글을 읽어 주는 꿈은 태몽으로 남자아이를 보게 된다.
- 책을 씹고 있는 꿈은 지식을 소화하거나 많은 정보를 얻게 된다.
- 책 꽂이나 서재를 본 꿈은 재산, 또는 자기의 능력으로 재물을 창조함을 상징한다.
- 임신한 여자가 꿈에 많은 책을 보았다면 아들을 얻고 그 아이는 학문으로 명성을 떨치게 될 것이다.
- 미혼 여자가 꿈에 책을 보았다면 학자에게 시집을 가게 된다.

천둥과 관련한 꿈

- 꿈속에서 천둥소리가 매우 크면 길하다.
- 천둥과 함께 지진이 일어나는 꿈은 포부가 원대하다.
- 번개가 몸에 치는 꿈은 부귀함을 상징한다.
- 번갯불이 몸을 비추는 꿈은 모든 일이 뜻대로 이루어진다.

🦋 천사를 보는 꿈

- 순수한 마음을 상징하고 자비심과 연민의 정이 넘친다. 그러나 때로는 죽음에 대한 공포심을 나타내기도 한다. 정신적인 변화가 생기고 성격도 달라지게 될 징조이다.

- 천사와 함께 있는 꿈은 친구들이 모두 성실하고 하는 일들이 순조로우며 화목과 행복이 깃들게 된다.

- 결혼한 여자가 이런 꿈을 꾸었다면 많은 자녀를 두게 된다.

🦋 철도를 보는 꿈

- 지인에게 기만당하고 공평하지 않은 처벌을 받거나, 이익을 빼앗길 징조이다.

- 전철, 기차를 타는 꿈은 평탄한 인생을 상징하지만, 불가피한 사건에 말려드는 일이 발생하기도 한다.

🦋 친구가 보이는 꿈

- 꿈속에 나타난 친구는 자신의 마음의 그림자이며, 친구의 행위는 자신의 소망을 나타낸다.

- 과거에 가까이 지내던 사람을 꿈에서 보았다면, 뜻대로 되는 일이 없거나 어떤 어려움에 부딪쳐 도움을 요청하게 된다.

- 경쟁상대가 꿈에 나타났다면 자신의 능력을 믿으며, 쉽게 물러서려 하지 않는 의지를 나타낸다.

- 친구가 사망하는 꿈을 꾸었다면 친구와 헤어지려는 것이다.

- 친구가 충고를 하거나 갈 길을 막는 꿈은 자신한테 어떤 위험이 닥치게 됨을 알려주는 것이다.
- 친구가 사업에 실패하여 당황 해하는 꿈을 꾸었다면 어떤 어려움이나 질병이 꿈에 본 친구에게 생긴 것이다.
- 꿈에서 친구의 얼굴 피부색이 검었다면 친구가 나쁜 병을 앓게 된다.
- 친구들이 짐승으로 변하는 꿈은 절친했던 사이가 다른 누군가의 이간질로 인하여 멀어지게 된다.
- 친구가 색깔이 흐릿한 옷을 입고 있는 꿈을 꾸었다면 둘 사이에 불쾌한 일이 발생하여 마음에 상처를 받거나, 크게 걱정하게 될 일이 생긴다.
- 먼 곳에서 친구를 보았다면 그 친구가 병을 앓거나 곤란한 일을 겪는다.
- 친구가 태연하거나 즐거운 모습이었다면 좋은 소식을 접하게 되거나, 자신과 친구 모두 즐거운 날을 보내게 된다.

초와 관련한 꿈
- 초를 만드는 꿈은 자신이 누군가에게 매우 필요한 사람이다.
- 초를 사는 꿈은 실컷 먹고 향락을 누릴 것이다.
- 다 타 들어가는 초를 보았다면, 경쟁자의 거짓 보고로 피해를 본다.
- 활활 타오르는 촛불을 보았다면 기분 좋은 소식을 듣게 된다.
- 촛불이 꺼지는 꿈은 친구의 사고 등 좋지 않은 소식을 접하게 된다.

🦋 초콜릿을 주거나 먹는 꿈

- 꿈에 초콜릿을 누군가에게 주는 꿈은 자신에게 도움을 준 사람에게 크게 은혜를 갚게 된다. 반대로 초콜릿을 받거나 먹는 꿈은 나에게 감사를 표하는 것이다.

- 녹아버린 초콜릿을 물처럼 마셨다면 어려운 순식간에 지나가고, 순탄한 생활을 하게 된다.

🦋 촛대(받침 판)가 보이는 꿈

- 촛대에 크고 작은 초들이 가득 켜져 있는 꿈은 밝은 미래가 기약되고 생활이 즐겁고 건강하며, 사랑이 넘치게 된다.

- 촛대 위에 초가 없거나 다 타버렸다면 근심과 실망을 나타낸다.

🦋 촛불과 관련한 꿈

- 어둠 속에서 누군가가 촛불을 밝혀주는 꿈은 은혜를 입게 된다.

🦋 총과 관련된 꿈

- 꿈에 총은 대체로 남성의 성기를 상징한다. 성욕은 위험성, 공격성이 다분한 욕망이라는 것을 알면서도 갈망하고 있는 것이다.

- 여자가 꿈에 총을 보았다면 성행위에 두려움이나 혐오감을 느끼는 것이다.

- 남자가 마음에 드는 여자를 향해 총을 쏘는 꿈을 꾸었다면 기필코 그 여성을 쟁취하려는 것이다.

• 꿈에 총소리를 들었다면 멀리 떨어져 있는 친구의 사고 소식을 듣게 된다.

• 또는 경쟁자가 헐뜯으나, 아무 영향 없이 그냥 지나간다.

• 연애 중인 사람이 꿈에 총소리를 들었다면 경쟁자가 자신을 밀어내려 하는 것이다.

• 만약 사업을 하는 사람이 이런 꿈을 꾸었다면 사기꾼에게 당하여 크게 손해를 본다.

추위에 떨고 있는 꿈

• 건강이 좋지 않다.

출국과 관련한 꿈

• 출국하여 다른 나라에 사는 꿈은 생활에 변화가 생기거나 안정을 잃어 여기저기 옮겨 살게 된다.

출생과 관련한 꿈

• 꿈에 나타나는 출생은 그 뜻 그대로 태어남을 상징하기도 하지만, 한 사람의 변화를 상징한다. 꿈에서 출생을 상징하는 사물은 아주 많다.

• 첫째 물 속으로 들어가는 것과 물 속에서 나오는 것이다. 다시 말하면 물 속으로 들어가는 것은 사망을 상징하고, 출생을 상징하기도 한다. 즉 죽음이라는 하나의 전환 과정을 거쳐 재생을 약속하기 때문이다. 물 속에서 나오는 것 이야말로 두말 할 것 없이

출생을 상징하는 것이다. 물과 출생이 관련하는 것은 사람들이 잠재의식 중에 출생 전 자궁 내에서의 양수(羊水) 생활을 기억하고 있는 까닭이다.

- 그러나 그것 뿐만 아니라 물 밑은 무의식의 세계, 유명(幽冥-저승)세계를 상징하고 우리가 땅 밑의 사물을 볼 수 없듯, 물밑의 많은 사물을 볼 수 없어 그것은 또 '다른 하나의 세계'를 상징하기 때문이다. 다른 하나의 세계에서 이 세상으로 온다는 것은 곧 출생을 의미하는 것이다.

- 다리(脚) 위로 향하고 머리를 아래로 향한 꿈 역시 출생을 상징한다.

- 이는 물에서만 쉽게 취할 수 있는 동작으로 물에서 거꾸로 선 다는 것은 태내 양수 중의 감각과 비슷하다고 할 수 있다.

- 낯선 곳으로 가는 꿈도 출생을 나타내는 것이다.

- 그리고 한번쯤 가본 적이 있는 곳으로 되돌아 가는 꿈은 자궁 속으로 되돌아감과 같은 것이므로 사망을 상징하는 것이요, 만약 갔다가 다시 온다면 출생을 상징하는 것이다.

- 유부녀가 아이를 낳는 꿈을 꾸었다면 산후에 건강이 빨리 회복될 것이다.

- 독신녀가 아이를 낳는 꿈을 꾸었다면 병을 앓게 될 위험이 있다.

출석을 부르는 꿈

- 오랫동안 떨어져 있던 친구의 사망 소식을 듣거나 잘못된 정보 때문에 고민에 빠진다.

🦋 춤 추는 꿈
- 자신의 억눌린 감정이나 잠재의식을 표출하려 한다. 일종의 성욕을 나타내는데 춤처럼 리듬감 있는 동작은 성의 특수한 표현 방식일 수 있다.
- 자신이나 다른 사람이 홀로 춤을 추는 꿈은 이기주의 내지 과시욕 둘 중의 하나를 상징한다. 자신이 사람들 속에서 그들과 함께 춤을 추는 꿈은 기쁨과 즐거움, 화목함을 상징하고, 많은 돈을 벌거나 사랑에 성공하여 자식을 많이 둔다.

🦋 취업과 관련한 꿈
- 장사 밑천을 날리거나 병이 생길 징조이다.
- 꿈에 취직을 하거나, 일자리를 찾았다면 아직도 실업인 상태다.
- 여러 곳에서 스카우트 제의가 오는 꿈은 실직을 당할 우려가 있다.
- 지인을 직원으로 채용했다면, 지인을 공경에 빠지게 할 수도 있다.

🦋 치과 의사가 보이는 꿈
- 자기를 해칠 수 있는 사람이나 귀중한 물건을 잃게 되는 두려움을 상징하기도 한다.

🦋 치즈와 관련한 꿈
- 치즈는 흔히 불길한 꿈과 관련된다.
- 치즈를 먹는 꿈은 마음을 상하고 불쾌하게 만들며, 자신의 어리석은 행위를 후회하는 것이다.
- 치즈에 구더기가 있는 꿈은 많은 사람이 시끄럽게 굴게 된다.

🦋 칠판을 보는 꿈

- 칠판을 보고 흰 분필로 글을 쓰는 꿈은 가까운 사람의 불길한 소식을 듣게 되거나 경제환경의 충격에 의해 가계재정이 흔들린다.

🦋 침(針-바늘 침)에 찔리는 꿈

- 배신, 슬픔, 고통, 죽음 대한 공포를 나타낸다.

- 동물, 곤충의 침에 찔리는 꿈은 의견이 서로 맞지 않는 상대에게 악의적인 생각을 가져 괴로워한다.

- 젊은 여자가 곤충의 침에 찔리는 꿈을 꾸었다면 지나치게 이성을 믿었다가 크게 배신당하고 슬픔에 잠기게 된다.

🦋 침대, 침실이 보이는 꿈

- 즐거움을 나타내거나, 반대로 질병과 사망에 대한 공포를 나타낸다.

- 만약 홀로 침대에 있는 꿈을 꾸었다면 요람 속의 어린애처럼 타인의 배려를 요청하거나, 조혼(早婚-일찍 결혼 하는 것)을 상징한다.

- 침대에 이불을 펴는 꿈은 자리를 옮겨 오랫동안 집을 멀리 떠나게 된다.

- 젊은 여자가 침대 주변에 앉아 있는 꿈은 곧 결혼을 하게 된다.

- 낯선 방안에서 침대에 누워 잤다면, 잘 알지 못한 누군가 찾아온다.

- 아픈 사람이 침대에 누워 있는 꿈을 꾸었다면, 시끄러운 일이나 죽음을 상징한다.

- 친구가 창백한 얼굴로 침대에 누워있는 꿈을 꾸었다면, 그 친구 한테 불행이 닥쳐 괴로워할 징조이다.

🦋 침대 커버가 보는 꿈
- 깨끗하고 흰 침대커버를 보는 꿈은 길몽이다.
- 남자가 이런 꿈을 꾸었다면 계획중인 사업에 성공하고, 만약 더러워진 침대커버를 보는 꿈은 사업에 실패하지 않으면, 질병이 생길 징조이다.

🦋 침대와 관련한 꿈
- 침대를 개조하거나 바꾸는 꿈은 이직을 하거나, 이사를 한다.
- 새 침대가 들여오는 꿈은 먼 곳에서 손님이 찾아온다.
- 침대에 개미가 있는 꿈은 걱정, 질병을 상장한다.
- 침대가 망가진 꿈은 부인이 병에 걸리다.
- 침대에 피가 있는 꿈은 아내가 다른 남자와 바람이 난다.
- 침대를 씻는 꿈은 대길할 것이다.

🦋 침실 문이 비틀려 열리는 꿈
- 침실 문이 비틀려 열리고 입을 틀어 막히는 꿈을 꾸었다면, 강간에 대한 공포를 나타낸다.

삼살방三殺方 이란

삼살三殺라 함은 말 그대로 세가지 나쁜 기운인 살殺이 있다는 것입니다.

겁살劫煞, 재살災殺, 세살歲殺을 말합니다. 모두 이사를 하여 탈이 생기는 살殺인데, 년도에 따라 이사하는 방위에 삼살방三殺方이 있는 것입니다. 삼살방으로 이사를 하면 흉한 일이 발생하는 것입니다.

첫째, 겁살劫煞이니, 겁살은 남이 나의 재물을 빼앗아가는 것이 아니라 집안내의 여러가지 원인에 의하여 재물이 흩어지는 경우를 말합니다.

둘째, 재살災殺이니, 관재구설이 따라 송사訟事건이나 경찰서를 출입하는 등의 불미스러운 일들이 발생하는 것을 말합니다.

셋째, 세살歲殺이니, 년살年殺이라고도 하며, 도화살桃花殺이라고도 합니다. 이 살은 집안 사람이 주색잡기酒色雜技를 하여 집안이 망하는 것을 말합니다.

〈알기 쉽게 풀어 쓴 삼살방三殺方 도표〉

십이지지 해당 년도	삼살방	내용
돼지해, 토끼해, 양해	술방戌方	서북쪽이 대흉
원숭이해, 쥐해, 용해	미방未方	남서쪽이 대흉
호랑이해, 말해, 개해	축방丑方	북동쪽이 대흉
뱀해, 닭해, 소해	진방辰方	동남쪽이 대흉

제3장 꿈풀이

ㅋㄹㅎ

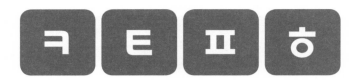

🦋 칼을 보는 꿈

- 칼을 맞아 상처를 입는 꿈은 병이 왔음을 상징하거나, 여자 지인 중 한 명이 자신의 가정에 금이 가게 할 원인 제공을 할 것이다.

- 부러진 칼이나 검(劍)이 보이는 꿈은 실연이나 질병을 상징한다.

- 생활 에서와 마찬가지로 꿈에 나타난 칼 역시 무기를 상징한다.

- 칼을 들고 사람을 뒤쫓는 꿈은 사랑의 삼각관계나 애정의 위기를 상징할 수도 있고, 생활에서 열세에 처해 울며 겨자 먹기로 참거나 부끄러움을 타는 성격이나 열등감을 상징할 수도 있다.

🦋 커피와 관련한 꿈

- 생활이 안정되고 평온하다.

- 독신자가 이런 꿈을 꾸었다면 알뜰하고 성실한 반려자를 만난다.

- 젊은 여자가 커피를 볶는 꿈을 꾸었다면 마음씨 고운 남자를 남편으로 맞고, 외로움에서 벗어날 것이다.

🦋 코끼리가 보이는 꿈

- 몸, 과 마음이 건전해서, 사회에서 좋은 사람들과 만나게 될 것이다.

 코르크 마개로 병을 막는 꿈

- 코르크 마개로 병을 막는 꿈은 아무리 애를 써도 성공하기 어렵다.

🦋 코피를 흘리는 꿈

- 혼신의 힘을 다해 어려움을 해결하려고 하지만 역 부족이다.

- 연애 중인 사람이 이런 꿈을 꾸었다면 연인이 자신에게 성실하지 않고, 가장 친한 친구와 바람을 피울 것이다.

🦋 콩을 보는 꿈

- 콩이 나무에 달려 있는 꿈은 자식 때문에 속을 썩이거나 자식이 병을 앓게 될 것이다.

- 말린 콩이 보이는 꿈은 주위 환경에 불만스러움을 뜻한다. 그렇다고 순간을 참지 못해 자신의 생각을 다른 사람에게 털어놓으면 화를 면치 못한다.

- 꿈에 콩을 먹었다면 사랑하는 사람이 불행을 당하거나 질병에 걸릴 징조이다.

- 콩이 자라는 꿈은 사랑하는 사람이나, 친한 친구와 다투게 된다

🦋 콜라를 마시는 꿈

- 꿈에 콜라를 마시고 있다면 당뇨병을 의심해야 한다. .

🦋 탈을 쓰는 꿈

- 자신이 탈을 쓰고 나타난다면 가정을 파괴하고 자기의 명성을 더럽히게 된다.

- 미혼인 사람이 이런 꿈을 꾸었다면 연애 중 의외의 사고가 발생한다.

🦋 태양과 관련한 꿈

- 꿈에 일출을 보면 기회가 다가온다.

- 눈부신 태양이 보이는 꿈은 목표로한 일에 행운이 생긴다.

- 동쪽에 떠오른 태양을 본 꿈은 새로운 시작과 마음의 전환을 상징한다.

- 해가지는 석양은 보는 것은 해야 할 일들이 수없이 겹쳐서 바쁜 날이 지속된다.

- 검은 구름이 태양을 가리는 꿈을 꾸었다면, 가족 중의 누군가가 시끄러운 일에 말려들게 된다.

- 밝았던 태양이 갑자기 어두워지면 병이 생기거나, 추진 중인 일의 결과가 매우 실망스러울 것이다.

- 태양이 갑자기 사라지는 꿈은 과도한 피로로 하여 건강이 나빠진다.

🦋 택배기사를 보는 꿈

- 택배기사가 아무것도 전해주는 것이 없이 집 앞을 지나가면, 불쾌한 일이나 슬픈 일이 발생한다.

- 택배기사에게 물건을 건네 주는 꿈은 누군가 로부터 의심을 받고 있다.

🦋 택시를 타는 꿈

- 택시를 타는 꿈을 꾸었다면 가난하고 자립하지 못한 사람들이 자신을 괴롭히고 손해를 끼치게 되거나 한동안 병을 앓게 된다.

🦋 텔레비전을 보는 꿈

- 꿈에서 본 텔레비전이나 영화의 내용은 실생활과는 별개의 의미이다.

- 텔레비전을 보고 몹시 기뻐하는 꿈은, 사업이나 생활에 열심히 노력해야 성공할 수 있다.

- 텔레비전을 보면서 울거나 몹시 흥분한 꿈은 새로운 일의 시작하거나, 변신을 추구하는 마음이다.

- 텔레비전을 보면서 몹시 화를 내는 꿈은 다른 사람의 의견에 쉽게 따르고, 자칫하면 판단착오로 실패하게 된다.

- 텔레비전을 꺼버린 꿈은 현재의 상황이 권태롭고 포기하고 싶은 마음이다.

- 텔레비전을 보는데 화면이 때로는 검고 때로는 온통 희거나 비틀리거나 흐릿하여 똑똑히 볼 수 없는 꿈은 투명하지 못한 미래를 상징한다.
- 자신이 직접 연기를 하고 있는 것을 보는 꿈은 모든 일에서 성공을 위해 소극적인 태도에서 적극적인 자세로 변화를 하는 것을 말한다.
- 텔레비전에 나온 인물이 자신임을 발견하고는 놀라 꺼버리려 하지만 도저히 끌 수가 없는 꿈은 성공의 기회가 많음을 상징하는데 도저히 끌 수 없었다는 것은 동료, 선배의 도움을 받는다는 뜻이다.

🦋 터널이나 하수도 등이 보이는 꿈
- 성, 임신. 출산 등에 대한 불안, 공포에서 벗어나려 하거나, 엄마에게 의지하려는 마음, 곁을 떠날 수 없는 불안감을 나타낸다.
- 긴 터널 속을 빠져나가는 꿈은 어려움에서 벗어난다.
- 터널 속에서 길을 잃는 꿈은 여러가지 힘든 사항으로 변화 및 위험을 나타낸다.

🦋 털 담요를 덮는 꿈
- 흰색의 털 담요를 덮는 꿈은 걱정하던 일을 성공적으로 끝내고, 몸을 괴롭히던 질병도 떨어져 나간다.

🦋 토끼와 관련한 꿈
- 토끼가 쫓기는 꿈은 토끼는 자신을 말하고, 쫓는 자는 경쟁자다. 경쟁자에게 벗어날 날려고 발버둥 치고 있다.

 파괴, 손상과 관련된 꿈

- 물건이 부서지는 꿈은 불길한 징조이다.

- 몸에 상처를 입어 불구자가 되는 꿈은 관리를 잘못해서 사업 실패를 암시한다.

- 가구들이 부서지는 꿈은 가정에 불화가 생기고 늘 싸움이 잦다.

- 창문이 부서지는 꿈은 누군가가 가정에 침범함을 암시한다.

- 물건이 갑자기 이상한 모양으로 일그러지거나 부서지는 꿈은 친구와 서로 의심하여 사이가 멀어지게 된다.

 파도가 이는 꿈

- 수면에 파도가 이는 꿈은 피부병이 생길 때 자주 꾸는 꿈이다

 파리가 보이는 꿈

- 주변에 경쟁자가 있어 질투하고 잡음이 많다.

 파산과 관련한 꿈

- 경고성 꿈이다. 이런 꿈을 꾸었다면 명예가 손상되는 일에 생기거나, 친구의 반대에 부딪칠 수 있다. 언행에 각별히 조심하고 업무와 사랑에 완급을 조절하며, 친구의 조언을 듣는 것이 바람직하다.

 파인애플과 관련한 꿈

- 파티, 모임, 결혼식에 초대받고 거기에서 반려자를 만나게 된다.

- 결혼 생활은 아름답고 행복하며 훌륭한 자녀를 갖게 된다.

🦋 파티에 참석하는 꿈

- 파티에 참석하는 꿈은 경제적 상황이 좋아 여러 곳을 여행하면서 즐겁게 보낸다.

- 파티장이 아수라장인 된 꿈은, 실수로 말다툼이나 병이 생겨 심신이 좋지 않을 징조이다.

🦋 판사를 보는 꿈

- 권력자를 나타내며 때로는 꿈을 꾼 사람의 양심을 상징하며, 숨겼 왔던 일이 들통나 벌받을 것을 걱정한다.

🦋 팔찌와 관련한 꿈

- 비싼 보석 팔찌를 끼고 있는 꿈을 꾸었다면 성공한 남자에게 시집을 가게 된다.

- 팔찌를 찾은 꿈은 일어버린 돈이나, 손해 본 것을 다시 찾게 된다.

- 누군가가 자신의 손에 팔찌를 끼워주는 꿈은 곧 사랑을 하게 되거나, 계획 중인 사업이 성공하게 된다.

- 사랑을 하고 있는 사람이 이런 꿈을 꾸었다면 곧 결혼을 하게 된다.

🦋 팽이, 풍차 들 회전하는 물건이 보이는 꿈

- 이런 물건을 꿈에 본 사람은 이명(귀에서 들리는 소음) 의 병세가 나타나 입맛이 떨어지고 구토 등의 증세가 있다. 이 병은 기력이 쇠잔하여 생긴다.

 편지, 메일을 읽는 꿈

- 보통 오랫동안 아무 연락이 없던 사람의 소식을 받게 된다.

- 편지, 메일을 보내는 꿈은 과감한 행동을 하게 될 것이다.

🦋 포도와 관련한 꿈

- 보통 태몽이다. 풍성한 수확, 성공을 상징한다.

🦋 포로가 되는 꿈

- 주변에 감언이설로 자신을 유혹하는 무리들이 많은데 이를 물리치거나, 회피하지 못한다면 불행이 닥치거나 크게 상처를 입는다.

- 또 파산이나 결혼의 불행을 상징하기도 한다.

🦋 포옹하는 꿈

- 꿈에 아내(남편)를 포옹했는데 슬픈 표정이었다면 가정에 분란이 생기거나 송사, 질병이 생길 것이다.

- 사랑에 빠진 사람이 연인을 포옹한 꿈은 다투거나, 시기를 상징한다.

- 낯선 사람을 포옹한 꿈은 반갑지 않은 손님이 찾아온다.

 폭발과 관련한 꿈

- 폭발 현장의 한 가운데에 서 있거나, 크게 다투면서 논쟁하는 꿈은 현실에서 많은 반대에 부딪히게 된다. 또한 가슴 속에 오랫동안 억눌렸던 정서가 분출하거나, 어렵고, 힘든 현재의 상황을 이겨낼 수 있는 힘이 있음을 상징하기도 한다. 이런 꿈은 흔히 부모나 주변 사람한테서 오랫동안 억압받은 사람이 꾸게 된다.
- 폭발 소리가 들리는 꿈은 무엇인가를 폭로하려는 마음이며, 거들먹거리는 감정과 충동을 도저히 억누르지 못할까 봐 두려워하는 마음이다.

폭로하려는 꿈

- 누군가 자신의 잘 못을 폭로하는 꿈은 계획 중인 일이 순풍에 돛단배처럼 나아갈 것이다.

풀밭을 걷는 꿈

- 풀밭을 지나는 꿈은 길운이다.
- 젊은 남녀가 함께 풀밭을 걸어가는 꿈은 사랑에 대한 길조(吉兆)이다.
- 만약 융단 같은 푸른 풀밭을 지나다가 풀이 말라버린 곳을 본 다면, 사업실패, 질병이 생길 징조일 수 있다.

풍요함과 관련한 꿈

- 계획한 것이 성공하고 즐거운 날을 보내게 된다.

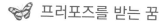 프러포즈를 받는 꿈

- 남자가 자신에게 프러포즈하는 꿈을 꾸었다면 마음에 두고 있는 남자가 자신에게 사랑을 고백하기를 애타게 갈망하지만 항상 실망하게 된다. 남자가 여자의 청혼을 받는 꿈은 성의 욕구를 상징한다.

피를 보는 꿈

- 자신의 실수로 상처를 입어 피를 흘리는 꿈은 잠재의식 중에서 자신의 과오에 대해 스스로를 벌하려는 마음이다.

- 다른 사람 때문에 상처를 입고 피를 흘리는 꿈은 누군가 자신에게 적의가 있거나, 잘 못된 행동에 대한 응징이다.

- 자신이 피를 흘리는 꿈은 어려운 현실을 감내하려는 의지나 미래 지향적인 인생을 추구하는 것이다.

- 자신이 피를 흘리는데 좀처럼 멎지 않는 꿈은 가까운 사람, 가족을 위하여 자신을 희생하는 것이다.

- 자신의 손, 발에서 진한 피가 뚝뚝 흐르는 꿈은 계획중인 일이 대길할 것이다.

- 누군가 피를 흘리는 꿈은 신변의 장애로 불안해하거나 혼란이 가중된다.

- 땅에 쏟아진 피를 본 꿈은 경쟁자가 많아 경계심을 높이고 조심하라는 신호다.

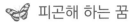 피곤해 하는 꿈

- 질병이나 사업의 부진을 상징한다.

- 만약 젊은 여자가 다른 사람이 몹시 피곤해 하는 것을 보았다면, 자신의 건강이 몹시 나빠질 징조이다.

피부색과 관련한 꿈

- 꿈에 나타난 자신의 피부가 깨끗하고 살결이 고왔다면 길몽이다. 좋은 일들이 많이 생기고 즐거운 날을 보내게 될 것이다.

- 그러나 피부가 검고 살결이 거친 꿈은 불쾌한 일을 당하거나 질병에 걸릴 수 있다.

피아노와 관련한 꿈

- 여자가 꿈속에서 자신이 피아노를 연주하는 모습을 보았다면 새로운 남자에게 환심을 얻게 된다.

- 피아노의 음이 맞지 않다고 느끼는 꿈은 가족이 유행병으로 고생하거나, 생활의 곤란함 때문에 걱정하고 있다.

핑계 꺼리들 찾는 꿈

- 소원을 성취하는 꿈이다. 예를 들면 무척 만나고 싶으나 도저히 용기가 나지 않아 다가가지 못했던 사람이 병원에 누워 있는 것을 보고는 무작정 달려가 사람들 앞에서 그의 손을 꼭 잡고 있는 꿈을 꾸었다면, 여자가 얼마 전에 병으로 누워 있는 남자를 본 후 만나고 싶어 만날 구실(핑계 거리)을 꿈속에서 찾은 것이다.

🦋 하늘과 관련한 꿈

- 하늘을 만지거나 나무가 자라서 하늘에 닿거나, 하늘 문이 열린 것을 본 꿈은 영험한 길몽이므로 대운(大運)이 트일 징조이다.

- 하늘을 떠받치는 꿈은 윗사람을 섬기어 크게 출세할 징조이다.

- 누군가가 자신을 하늘로 떠받들어 올리는 꿈은 나에게 충성하는 사람이 있음을 상징한다.

- 하늘이 맑게 개이고 비구름이 밀려가는 꿈은 모든 근심을 덜게 된다.

- 밝은 하늘이 보이는 꿈은 태몽으로 남자아이를 보게 된다.

- 머리를 젖히고 하늘을 바라보는 꿈은 부귀영화를 누리게 된다.

- 용을 타고 하늘을 오르는 꿈은 크게 출세한다.

- 하늘이 갈라지는 꿈은 자신이 속한 직장, 가정에서 큰 혼란이 일어난다.

- 하늘이 밝아오는 꿈은 건강하게 장수한다.

- 하늘에 올라 천사를 만나거나 은하를 건너는 꿈은 운이 트인다.

- 하늘과 땅이 결합하는 꿈은 일이 뜻대로 이루어진다.

🦋 학교나 교실과 관련한 꿈

- 어떤 불안을 상징하는데 공부에 실증을 느끼거나 선생님이나 부모의 꾸지람을 들을까 봐 근심하는 것일 수도 있고, 여행을 가려하거나 연애가 순조롭지 못함을 나타낼 수도 있다.

- 또한 이성을 사귀려고는 하지만 주위 사람들을 의식하고 가족이 걱정할까 봐 근심하는 것일 수도 있다.
- 그리고 또 학교를 가지 않거나, 성적 때문에 근심하는 경우에도 이런 꿈을 꾼다.
- 초등학교 교장이 되는 꿈은 생활이 풍족하고 노후가 좋다.
- 독신자가 이런 꿈을 꾸었다면 원하는 결혼한다.

🦋 해산(아이를 낳음)과 관련한 꿈
- 자신이 해산하는 꿈은 주위 환경이 좋고 귀여운 아이를 낳게 된다.
- 소녀가 침대에 올라 해산하는 꿈을 꾸었다면 순결을 잃고 불쾌한 일이 생길 징조이다.

🦋 해(태양)과 관련한 꿈
- 해를 삼키거나 해가 갑자기 용으로 변신하여 주위를 돌거나 해가 지붕 위에서 솟아오르는 꿈은 크게 운이 트일 징조이다.
- 해가 치마 밑이나 배 속에 떨어지는 꿈은 태몽으로 귀인이 태어날 징조이다.
- 해가 동남 쪽에서 몸을 비추고 곁에 서 있던 신선이 펜을 손에 지어주는 꿈은 태몽으로 뛰어난 학자를 낳는다.
- 물에 떨어진 해를 건져내거나 땅에 떨어진 해를 머리로 떠받쳐 하늘로 올려 보내는 꿈은 귀인을 만나 크게 운이 트일 징조이다.
- 해와 싸워 지는 꿈을 꾸었다면 오랜 투병을 끝내고 완쾌될 징조다.

- 햇빛이 온몸을 비추는 꿈은 질병이 사라진다.

- 해나 달이 동시에 떠있는 것을 보는 꿈은 집안이 크게 번창한다.

- 해나 달이 지는 것을 보는 꿈은 가까운 시일 내 상복을 입게 된다.

- 해나 달이 어두워지는 꿈을 여자가 꾸었다면 임신하거나 운이 트일 것이다. 떠오르려는 해나 달을 보았다면 승진의 기회가 있다.

허리를 움켜 안고 우는 꿈

- 허리를 움켜 안고 우는 꿈은 병이 몸을 침범하거나 가정에 불상사가 있게 될 불길한 징조이다.

향(香-절 또는 제사 때 피우는 향)냄새를 맡는 꿈

- 꿈에 향 냄새를 맡는 것은 실의와 불행을 상징한다.

- 가까운 시일 내 상복을 입게 된다.

혀와 관련한 꿈

- 혀에 털이 자란 꿈은 임기를 다한 직책을 계속 맡게 된다.

- 혀를 잘리는 꿈은 좋지 못한 소문에 오르게 된다.

형제가 보이는 꿈

- 형제 자매가 보이는 꿈은 현실에서 억눌렸거나 숨겨졌던 본 마음을 나타낸다. 또 이런 꿈은 실생활에서 받은 억압을 해소하려는 욕망을 나타낸다.

 혜성을 보는 꿈
- 대체로 불길한 꿈이다. 만약 가정이 있는 여자가 하늘을 가르며 떨어지는 혜성을 보았다면 남편이 죽거나 그만큼 비통한 일이 생기게 될 것이다.

 호두를 보는 꿈
- 호두를 보는 꿈은 보통 귀 병으로, 호두 껍질이 깨졌지만 알맹이는 멀쩡한 것은 꿈은 마음의 상처로 인한 청각장애라는 것을 말한다.

 호랑이와 관련한 꿈
- 호랑이가 달려드는 꿈은 경쟁자에 의해 피해를 당한다.
- 호랑이를 물리치거나 때려 눕히는 꿈은 하는 일에 성공한다.
- 호랑이가 나를 보고 달아난 꿈은 경쟁자를 이기고 승진한다.
- 호랑이가 우리 속에 갇혀 있는 꿈은 경쟁자를 따돌리고 먼저 성공한다.
- 거실 카펫이 호랑이 가죽이었다면 부귀 영화를 누린다.

 호루라기 소리가 들리는 꿈
- 꿈에 호루라기 소리를 듣는다면 상대방과 의견 차이가 매우 크다는 것을 말한다.

🦋 호박을 칼로 자르는 꿈

- 꿈에 호박은 유방을 보통 상징하고, 칼로 자르는 것은 병이 침범했음을 의미한다.

🦋 호수를 보는 꿈

- 꿈에서 본 호수는 일반적으로 여성의 성기를 상징한다.

🦋 혼자 남는 꿈

- 상대가 자신을 포기하거나, 이미 포기한 상태를 말한다.

🦋 홍당무가 보이는 꿈

- 젊은 여성이 홍당무를 먹는 꿈을 꾸었다면 곧 결혼을 하고 자식을 낳게 된다.

🦋 홍보와 관련한 꿈

- 직장에서 열심히 일하고 홍보를 위해 고민하는 꿈은 직급이 높아지고, 동료들로부터 존경 받게 된다.

🦋 홍수가 나는 꿈

- 일에 문제가 있거나, 건강이 좋지 못하거나, 송사에 휘말려 있거나, 악의적인 경쟁자의 괴롭힘, 성적 불만이 있음을 상징한다.

- 홍수 때문에 손실을 보고 눈물을 흘리는 꿈은 애인과의 사이가 멀어지거나, 경쟁자가 자신의 애인을 빼앗아 가고, 애인도 자신을 배신하게 된다.

- 홍수 때문에 넓은 들까지 잠기고, 떠밀려 내려가는 꿈은 사업에서 손해를 보고 결혼도 해결하기 어려운 불쾌한 일에 부딪치게 된다.

화류계 여자를 죽이는 꿈
- 만약 꿈에서 화류계 여자를 죽였다면 계획중인 일이 성공한다.

화를 내는 꿈
- 누군가에게 화를 내는 꿈은 자신의 가장 절친한 친구를 상징한다.
- 사랑하는 사람이 자신한테 화를 내는 꿈은 상대를 진정으로 사랑하고 행복하게 해줄 것이다.

화목(和睦-서로 뜻이 맞고 정다움)과 관련한 꿈
- 집안 내에 다툼이 생긴다.

화물이나, 큰 물건을 보는 꿈
- 꿈에 나타난 화물, 쌓아놓은 물건은 어떤 의무감을 상징한다.
- 커다란 물건을 들고 있는 꿈은 많은 일을 해야 하거나, 그런 무거운 부담에서 벗어나려는 마음이다.
- 사람을 보내 물건을 나르게 하는 꿈은 해야 할 의무를 다 이행하지 못한 것이다.
- 물건이 가득 쌓인 창고가 보이는 꿈은 의무를 다 하려는 태도나 책임감을 상징한다.

- 쌓아놓은 물건이 무너져 내리는 꿈은 어깨에 무거운 책임을 지고 있다.

- 화려한 포장을 한 물건이나, 나비 매듭을 한 포장박스를 보이는 꿈은 자신의 행위를 긍정적으로 생각해 주는 사람이 있고, 노력에 보답이 있게 된다.

화분을 보는 꿈

- 꽃도 없이 텅 비어 있는 화분을 본 꿈은 생활이 빈곤하거나, 사업이 어려움에 처한다.

- 만약 깨어진 화분을 보았다면 병이나 불쾌한 일이 생길 것이다.

화산을 보는 꿈

- 누군가에게 보복하려 한다면 피해를 입는 것은 자기 자신이다.

- 가계를 운영하는 주인이라면 직원이 믿음직스럽지 않아 계속 의심한다.

- 연애 중인 사람이 이런 꿈을 꾸었다면 자신의 거짓된 행동이 들통난다.

화살에 맞는 꿈

- 화살이 몸에 맞는 꿈은 경쟁자를 물리치기 위해 계략을 꾸미고 있는 중이다.

 화원과 관련한 꿈

- 잘 가꾸어지고 화초가 무성한 화원이 보이는 꿈은 길몽 중의 길몽으로 하는 일마다 잘 되고 모든 것이 풍성하고 여유가 생긴다.

 화장하는 꿈

- 거울 앞에서 화장하는 꿈은 비밀을 가지고 것에 대한 희열이나, 범죄의식을 나타내며, 그리고 어떤 사실을 숨기려 하는 것이다.

- 아주 짙게 화장을 하거나 유행하는 악세서리로 꾸미는 꿈은 비밀을 지키지 못할까 봐 걱정하는 것이다.

 화장실을 보는 꿈

- 사람들이 화장실 밖에 줄지어 서서 기다리거나, 잠 결에 대변을 보는 것도 위장이 좋지 않을 때 이런 꿈을 꿀 수 있다.

- 성인 남녀는 흔히 입 밖에 낼 수 없는 성적인 문제가 있을 때 이런 꿈을 꾸게 되며, 짝사랑하는 사람이 있을 때도 흔히 그 사람이 화장실 앞에 나타나는 꿈을 꾼다.

 화장실에 빠지는 꿈

- 불길한 징조이다. 병이 생기거나, 명예에 손상을 입는 일이 발생할 것이다.

 회의하는 장면을 보는 꿈

- 마음이 혼란스럽고 불안함을 상징한다.

• 회의시간에 발표하는데 동료들의 무시와 비웃음을 받는 꿈은 가깝게 지내는 사람이나, 신뢰하던 사람에게 배신을 당한다.

🦋 훔치는 장면을 목격하는 꿈

• 지인, 직장동료, 친구로부터 사랑이나 권력을 빼앗으려는 욕망을 말한다.

🦋 휴게실을 보는 꿈

• 교직원 휴게실을 보면 꾸중을 듣거나 눈에 나게 되고, 선배나 형제와 다투게 된다.

• 동료와 의견이 맞지 않아 마음이 괴로워 누구든 만나 이야기를 나누고 싶어한다.

🦋 휘파람을 부는 꿈

• 혼자서 중얼중얼 시끄러운 소리를 내는 것을 의미하는데, 휘파람을 부는 것으로 자신이 하고 싶은 말을 해소하려는 것이다.

🦋 흐릿하여 분별할 수 없는 꿈

• 익숙한 사람인 듯하면서도 알 수 없고 한번쯤 왔던 곳인 듯하면서도 기억할 수 없거나 전혀 본 적이 없는 정경이면서도 아주 낯익어 보이고 어떤 사람이 말을 하는데 대게는 대답할 수 있는 것들이지만 어쩐지 더듬거리며 적당한 말을 찾지 못하는 꿈은 자신이 공상가이거나 세상을 돌아보는 여행가라고 생각한다.

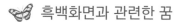 흑백화면과 관련한 꿈

- 꿈은 보통 '흑백화면'인데 검은색, 흰색은 특별한 의미가 있지는 않으나 꿈에 따라 어떤 특별한 의미가 부여되기도 한다. 중요한 것은 흑백의 두 가지 색깔이 꿈에서는 어떻게 나타나고 강조되는 가를 확인해야 한다.

- 검은 색은 마치 미지(未知)를 나타낸다.

- 검은 털 개가 뒤쫓아오는 꿈은 아직 어떤 일이 자신의 가치관에 대치되는가를 모르는 것이다.

- 검은 옷을 입은 여자가 자신을 사랑하는 꿈은 이성이 자기를 사랑하는 것에 대해 자신이 없거나, 아직 사랑하는 이성을 만나지 못한 것이다.

- 검은색 또한 한(限)이나 사악(邪惡)함을 상징할 수도 있다.

- 흰색은 이미 인지하고 있음을 상징한다.

- 어떤 일에 대해 오랫동안 아무 소식이 없다가 꿈에 흰색의 어떤 물건이나 사람을 보았다면 그것이 도대체 무엇을 상징하는지 확인하면, 확인과 함께 답을 찾게 된다.

- 흰색은 또 억울함이나 청백함, 선량함을 상징한다.

- 글이나 영화에서 흰옷을 입은 원귀(寃鬼)는 바로 그 억울함을 나타내고 천사는 바로 그 선량함을 상징한다.

- 어린아이가 꿈에 늘 흰옷을 입은 무서운 여자 귀신을 본다면 아이가 병원에서 주사를 놓는 흰 옷을 입은 간호사를 의식했기 때문이다.
- 백의의 천사인 간호사의 모습이 그 아이한테서 흰옷을 입은 무서운(아프게 주사를 놓으니까) 여자 귀신으로 일그러진 것일 수 있다.

흔들리는 물체와 함께 있는 꿈
- 일반적으로 꿈에 흔들리는 물체가 있으면 넘어진다고 한다.
- 꿈속에서 넘어지면, 상처가 난 다리 쪽으로만 넘어진다.

흙을 파거나 흙에 묻히는 꿈
- 폐와 관련된 질병을 상징한다.

흡혈귀가 보이는 꿈
- 감정적으로나, 육체적으로 모두 누군가에게 피해를 입는다.

상가집 출입시 금기사항

- 새 집을 지은 후 3년(혹은 1년)간은 마을에 상가집이 있어도 문상을 가지 아니한다.
- 결혼 날짜를 받아 놓고 상가에 가지 아니한다.
- 초상집에 갈 때는 머리를 감지 아니한다.
- 제사가 있는 달에는 제일祭日이 지나지 않으면 상가에 가지 아니한다.
- 마을에 초상이 났을 때 빨래를 방망이로 두드리지 않고, 빨래를 밖에 걸어 놓지 아니한다.
- 홍역을 할 때는 상가에 가지 아니한다.
- 상가에 갔 다오면 그 날은 들에 나가지 아니한다.
- 출가외인은 새 집을 짓고 일 년 내에 친정부모가 돌아 가셔도 친정에 가지 아니한다.
- 마을에 초상이 나면 국수를 먹지 아니한다.
- 부고(초상을 알리는 편지)는 항상 변소에 꽂는다.
- 초상집에 못 갈 경우에 해당하여도 부득이 가게 될 경우는 오곡(쌀, 보리, 조, 콩, 기장)을 볶아서 주머니에 넣고 간다.
- 동네에 초상났을 때 바느질을 하면 나쁘다.
- 산소에 불이 나면 혼백이 산소에서 달아난다.
- 무덤 속에 차돌이 들어가면 후손들의 머리가 희어진다.